Wissen macht Ah!

WUNDERBAh!R

VERBLÜFFENDE ALLTAGSPHÄNOMENE

MIT SHARY UND RALPH

Bisher erschienen:

GENIAh!L – Phänomenale Erfindungen mit Shary und Ralph
EXPLOSIONSGEFAh!R – Famose Experimente mit Shary und Ralph
MAh!LZEIT – Lecker essen mit Shary und Ralph

Wissen macht Ah!

WUNDERBAh!R

VERBLÜFFENDE
ALLTAGSPHÄNOMENE
MIT SHARY UND RALPH

Text von Doris Mendlewitsch
und Christine Gerber

Loewe

Für die freundliche Unterstützung möchten wir uns
ganz herzlich bei Ulrike Müller-Haupt und
dem gesamten Ah!-Team bedanken.

ISBN 978-3-7855-7243-6 · 1. Auflage 2012

Redaktion: Maraike Sörensen-Knoop, Tatjana Kröll
Satz und Innenlayout: Ines Wagner-Schulz
Umschlagfotos: © WDR Köln · Agentur: WDR mediagroup GmbH/Nola Bunke
und © iStockphoto.com/Yougen und Jojo 100
Umschlaggestaltung: Christian Keller
Printed in Slovenia

www.loewe-verlag.de
www.wissenmachtah.de

Lieber Leser,

hereinspaziert in die Wunderwelt der alltäglichen Phänomene, die uns umgeben, wo wir gehen und stehen! Hier reiht sich Kuriosität an Unglaublichkeit, wenn Shary und Ralph erklären, was es mit dem Knoten im Taschentuch, Ohrwürmern und lesenden Eseln auf sich hat. Auch der 1. April, Luftlöcher und die Beschriftung unserer Toilettentüren werden endlich unter den Lumpi, äh, unter die Lupe genommen. Hier sind Ah*!*-Erlebnisse garantiert!

INHALT
Wir präsentieren
voller Stolz

Ah

… und wunderbaren Phänomene, die hier auf sie warten!

-Phänomene

Ah, Phänomene! Phänomene, so weit das Auge reicht. Und wie schön sie anzusehen sind. Ah! … Wie? Es heißt gar nicht „Ah, Phänomene"? Sondern „**Ah!**-Phänomene"? Ach so. Können Phänomene denn überhaupt etwas anderes sein als „**Ah!**"? Sind Phänomene nicht schon aufgrund ihres Namens einfach phä-no-me-nal? Grandios? Einzigartig, kurios und wunderbar? Gehen wir der Sache mal auf den Grund: Das Wort „Phänomen" kommt vom griechischen „phainómenon", was so viel heißt wie „Erscheinung" oder „Lufterscheinung", und das wiederum kommt von dem ebenfalls griechischen Wort „phaínein", was „sichtbar machen" bedeutet.

Aha. Ein Phänomen ist also etwas, das man normalerweise nicht sieht, manchmal aber schon. Als „Phänomen" bezeichnet man deshalb, zumindest umgangssprachlich, etwas Besonderes, Außergewöhnliches oder auch einen Menschen mit außergewöhnlichen Fähigkeiten. Es gibt verblüffende Phänomene und alltägliche Phänomene. Dazu passend haben wir den Titel dieses Buchs gewählt. Schlau, nicht?

Ja, und in diesem Kapitel gibt es nun unsere Hitparade der allerbesten Phänomene – eben der **Ah!**-Phänomene!

SOOO VIELE FARBEN!

Unser Lieblingsphänomen: Ein Phänomen im eigentlichen Sinn des Wortes und auch im übertragenen. Nämlich eine ganz besondere, wunderbare Lufterscheinung, also ein Phänomen, das alle Eigenschaften eines solchen vereint, ein echtes Vorzeigephänomen (um nicht zu sagen ein Streberphänomen …). Jetzt bist du mächtig gespannt, was? Sehr gut, das solltest du auch sein. Hier ist das weltbeste Ah*!*-Phänomen: abgeknicktes Licht! Ja, lass es ruhig kurz auf dich wirken … Wie bitte – du bist enttäuscht?

Und schon der erste Grund zum Staunen: ein wunderschöner Regenbogen.

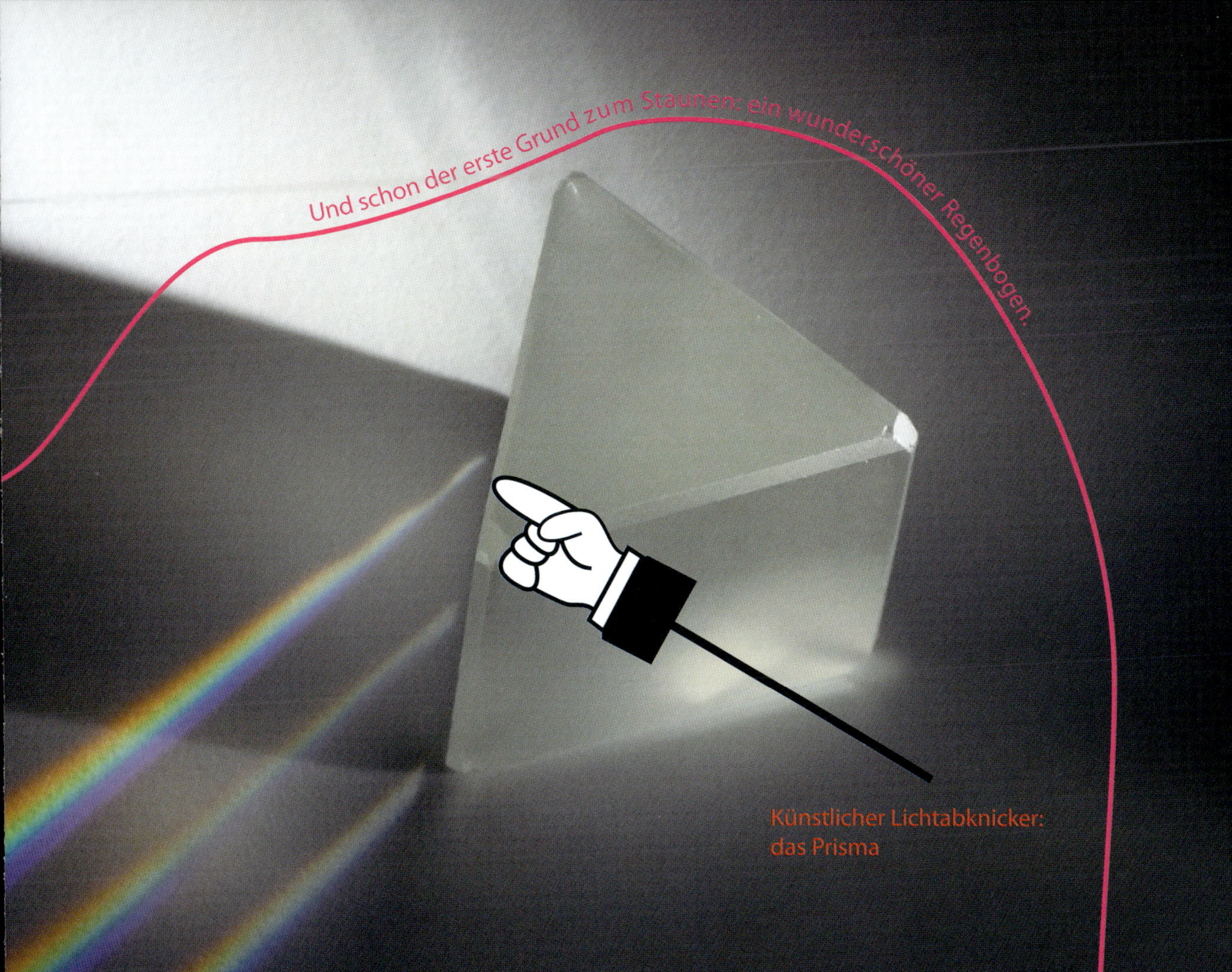

Künstlicher Lichtabknicker:
das Prisma

Dafür gibt es keinen Grund. Hier kommt die Erklärung: Normalerweise ist Licht auf einer geraden Bahn unterwegs, einfach so, zack, geradeaus. Wenn das der Fall ist, sehen wir es nicht, dann bewirkt es einfach nur, dass die Umgebung erhellt wird. Allenfalls erscheint uns das Licht weiß. In Wahrheit besteht Licht aber aus ganz vielen Farben, die einzeln nicht zu erkennen sind. Aber wenn es regnet und gleichzeitig die Sonne scheint, dann können wir manchmal diese Farben sehen. Das Sonnenlicht fällt in die Regentropfen und wird in ihrem Inneren gebrochen, also abgeknickt. Das heißt, es wird in seine einzelnen Farbbestandteile zerlegt. Und wenn es dann wieder aus den Tropfen herauskommt, sehen wir einen – **Regenbogen**.

FILMREIFE VORSTELLUNG

Wenn Shary und Ralph nicht gerade Bücher schreiben, haben sie vor allem mit Filmen zu tun. Mit Ah!-Filmen. Man könnte sogar sagen, mit 1-a-Filmen. Richtig guten Filmen also. Die konnte man früher auch **„A-Movies“** nennen. „Movie“ (sprich: muhwi) ist das englische Wort für „Film“. „A-Movies“ nannte man Kinofilme, für die man nur die besten Schauspieler engagierte und bei denen man jede Szene so oft wiederholte, bis auch wirklich jeder Wimpernschlag den hohen Ansprüchen gerecht wurde – eine ganz schön teure Angelegenheit. Heute bezeichnet man als „A-Movie“ jeden Film, der sehr, sehr viel Geld gekostet hat. Ob alles perfekt ist, spielt keine so große Rolle mehr.

Aber auch so ein alter Projektor geizt nicht mit seinen Reizen.

Schön teuer kann es auch werden, wenn man irgendetwas Wichtiges vergessen hat. Zum Beispiel den Hamster zu füttern. Der dann aus lauter Verzweiflung aus seinem Käfig ausbricht und die Stromkabel anfrisst. Weshalb es zu einem Kurzschluss kommt und das Haus in Flammen aufgeht. Das ist dann eher „Oh!" als „Ah!". Besonders vergessliche Zeitgenossen tricksen ihre Erinnerungsschwäche gern durch Fingerfertigkeit aus und machen sich **einen Knoten ins Taschentuch**.

Der Knoten – ein Phänomen für sich! Es gibt mehrere Hundert verschiedene Arten für alle möglichen Zwecke.

Wieso man dafür besonders geschickt sein muss? Hast du schon mal versucht, ein Taschentuch zu verknoten? Gar nicht so einfach. Das dünne Papier zerreißt so leicht … Der Ausdruck „Knoten ins Taschentuch" stammt aber aus der Frühzeit des Schnäuzens, als man nur Taschentücher aus Stoff verwendete. Man warf sie nach Gebrauch nicht weg, sondern benutzte sie immer wieder. Machte man einen Knoten in einen Zipfel des Tuchs, dann erinnerte er einen daran, dass man noch etwas zu erledigen hatte. Mit etwas Glück fiel einem auch wieder ein, was das war: „Ah, stimmt, das war's!"

Eine echte Seltenheit: dieser uralte Filmprojektor

S. 20

Ah!RACH

Ein echtes Ah!-Phänomen kann auch eins sein, bei dem man laut „Aaaah!“ sagt. Nicht mit wohligem Grinsen auf den Lippen, sondern als Ausruf höchster Angst und Pein. Wie **Arachnophobiker** ihn gern hören lassen. Ein „Phobiker“ ist einer, der vor einer bestimmten Sache übertrieben große Angst hat. Das Wort kommt vom altgriechischen „phóbos“ für „Furcht“. Es gibt alle möglichen Arten von Ängsten und jede hat ihren eigenen Namen. Wir sprechen hier über Menschen, die Angst vor einer niedlichen kleinen „aráchnē“ haben. Das kommt auch aus dem Altgriechischen und heißt „Spinne“.

von S. 7

Ob mit der Wolfsspinne wohl gut Kirschen essen ist?

NOPHOBIE

Warum so viele Menschen **Angst vor Spinnen** haben, weiß man nicht genau. Einige Wissenschaftler vermuten, dass diese Angst noch aus der Urzeit stammt, als die Menschen in Wäldern lebten. Dort gab es sehr gefährliche Spinnen, vor denen man auf der Hut sein musste. Deshalb war es gut, Angst zu haben und nicht gleich jede Spinne zu streicheln – egal wie nett und flauschig sie auch aussah.

Diese nette Rotknie-Vogelspinne tut doch sicher keiner Fliege was zuleide …

… ihm können diese grauenerregenden Tiere keine Angst einjagen!

Die gefährlichsten Spinnen der Welt

Diese Spinnen können – unter bestimmten Bedingungen, zum Beispiel wenn man allergisch auf ihr Gift reagiert – auch heute noch für Menschen lebensgefährlich sein:

Südliche Schwarze Witwe (lebt im Südosten von Nordamerika)

Sydney-Trichternetzspinne (lebt in Australien)

Bananenspinne oder Brasilianische Wanderspinne (lebt in Südamerika, vor allem in Brasilien)

So ein Spinnennetz ist übrigens auch echt phänomenal: Seine hauchdünnen Fäden sind kaum zu sehen und so eignet es sich perfekt, um Fliegen oder andere Leckerbissen zu fangen. Es gibt allerdings auch Spinnen, die keine Netze bauen, sondern sich einfach so, aus dem Hinterhalt, auf ihre Beute stürzen.

Tapfer nimmt er es auch mit den größten Giftspritze(r)n auf.

Rotrückenspinne (lebt in Australien)

..., 11, 12, Ah!hh!, 14, ...

Das mit der Spinnenangst leuchtet ja irgendwie ein. Aber es gibt auch ausgesprochen uneinleuchtende Ängste. **Triskaidekaphobie** (sprich: triskaidekafobih) ist so ein seltsames Angstphänomen. Menschen, die darunter leiden, glauben, dass die **Zahl 13** Unglück bringt. Aber das ist schlichter Ah! – …, äh, Aberglaube. Den genauen Ursprung kennt man nicht. Aber verschiedene religiöse Schriften, nordische Legenden und antike Sagen bringen die Zahl 13 mit Unheil in Verbindung. Weil es jede Menge Triskaidekaphobiker gibt, nehmen viele Gebäudebauer, Hotelbetreiber und Fluggesellschaften darauf Rücksicht. Sie lassen zum Beispiel das 13. Stockwerk, Zimmernummer 13 oder Sitzreihe Nummer 13 einfach aus. Auf die 12 folgt in der Nummerierung direkt die 14.

Auf Donnerstag, den 12., kann man allerdings nicht einfach Freitag, den 14., folgen lassen. Auch wenn das sicher dem ein oder anderen sehr recht wäre. An einem Freitag, dem 13., potenziert sich nämlich, so die Überzeugung der abergläubischen Menschen, das Unglück. Es schlägt also doppelt und dreifach zu. Der Freitag gilt manchen nämlich schon ohne die 13 als unheilvoll. Ist zwar prinzipiell Quatsch, aber wenn man an nichts anderes denken kann als an ein großes Unglück, dann ist die Wahrscheinlichkeit, dass zumindest ein kleines eintritt, deutlich größer.

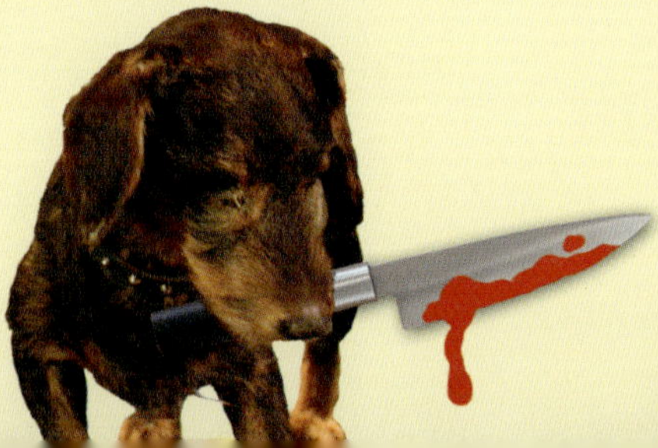

Selbsterfüllende Prophezeiung

Fachleute – zum Beispiel Psychologen – nennen dieses Phänomen „selbsterfüllende Prophezeiung“. Man sagt sich selbst vorher, dass etwas Unangenehmes passiert, und weil man so viel Energie auf diesen Gedanken verwendet, tritt mit großer Wahrscheinlichkeit tatsächlich ein negatives Ereignis ein. Funktioniert andersherum übrigens auch, wenn man ganz intensiv an schöne Dinge denkt.

KlugscheißAh!-Info

Freitag, den 13., gibt es übrigens jedes Jahr mindestens ein und maximal drei Mal.

Freitag, der 13.? Pah! Kein Problem für Ralph.

von S. 13

Auch nicht schlecht: ein Leben voller Glücksmomente, sogar Ralph gehört dazu.

GLÜCKSBOTEN

Wer sich an einem Freitag, dem 13., vielleicht wirklich besser nicht auf die Straße trauen sollte, sind **Schornsteinfeger**. Man sieht es lebhaft vor sich: Horden von abergläubischen Zeitgenossen jagen einem Kaminkehrer hinterher, umringen und bedrängen ihn, flehen ihn an, ihnen die Hände zu schütteln. Brrr! Keine schöne Vorstellung. Aber einem Schornsteinfeger die Hand zu schütteln bringt angeblich jede Menge Glück. Dieser Aberglaube hängt wahrscheinlich damit zusammen, dass die Schornsteinfeger durch ihre Arbeit Verstopfungen in Kaminen verhindern und es somit nicht zu Hausbränden kommt. Der Schornsteinfeger hält also tatsächlich – durch seiner Hände Arbeit – das Unglück fern.

Schließlich ist ihm das Glück stets hold!

Auch **vierblättrige Kleeblätter** helfen angeblich dem Glück auf die Sprünge. Reiner Aberglaube! Wirklich Ah*!*-phänomenal ist jedoch der Umstand, der dazu führt, dass manche Kleepflänzchen mehr Blätter haben als andere. Dafür müssen wir mal eben die Grundlagen klären: Jedes Lebewesen besitzt einen genetischen Bauplan, die Desoxyribonukleinsäure (abgekürzt DNS). Die legt fest, wie ein Mensch, ein Tier oder eben eine Pflanze aussieht. Zum Beispiel, dass ein Mensch zwei Hände und zehn Zehen hat und zwei Augen und eine Nase. Von Zeit zu Zeit treten Abweichungen vom Bauplan auf. So kann es passieren, dass ein Mensch elf Finger hat oder ein Hund zwei Schwänze. Und manche Pflanzen haben eben mehr Blätter als es für sie üblich wäre. Ein vierblättriges Kleeblatt zum Beispiel ist so eine Abweichung im Bauplan. Weil es sie so selten gibt, ist schon allein die Tatsache, dass man eins findet, großes Glück.

Hand in Hand spazieren die beiden über die grüne Wiese …

KlugscheißAh*!*-Info

Hat ein Mensch mehr als zehn Finger oder Zehen (ja, das gibt es wirklich), sollte man als echter Klugscheißer „Polydaktylie“ (sprich: polidaktülih) dazu sagen. Der Begriff kommt aus dem Griechischen und bedeutet **Vielfingrigkeit**. Laut Guinnessbuch der Rekorde besaß ein Junge aus England Anfang des 20. Jahrhunderts mit 14 Fingern und 15 Zehen die meisten Finger und Zehen, die je bei einem Menschen nachgewiesen wurden.

TOTAL NORMAL

… und scheinen auf einmal erstaunlich normal …

Begonnen haben wir das Kapitel mit einem Streberphänomen – nein, nicht mit Ralph – mit dem Regenbogen! Dem Klassenbesten sozusagen, weil es ein Phänomen im wahrsten und reinsten Sinne des Wortes ist. Und wir beenden das Kapitel mit einem Phänomen, das gar keins ist. Einem Versager sozusagen. Mit dem absoluten Anti-Phänomen. Denn wie war das noch gleich mit den Phänomenen? Wie auch immer sie aussehen, sie sind auf jeden Fall etwas ganz Besonderes und Außergewöhnliches. Ja, und das kann man diesem Herrn hier nun wirklich nicht nachsagen. Sein Name ist Normalverbraucher. Otto Normalverbraucher. Er ist so normal, wie man es sich nur vorstellen kann. An Otto Normalverbraucher ist rein gar nichts ungewöhnlich. Obwohl … **Otto Normalverbraucher** ist kein Mensch! Beziehungsweise … Otto ist ganz viele Menschen. Oder … nein … Otto ist so etwas wie die Quersumme aus ganz vielen Menschen.

„Otto Normalverbraucher" nennt man den statistischen Durchschnittsmenschen. Also den, der herauskommt, wenn man den Durchschnitt aller menschlichen Bedürfnisse bildet. Otto Normalverbraucher isst durchschnittlich viel, trinkt durchschnittlich viel, sieht durchschnittlich viel fern und so weiter. Mit der Lektüre dieses Klugscheißerbuchs wäre Otto wohl überfordert. Er ist nämlich auch nur durchschnittlich intelligent. Und falls sich jemand fragt, wo hier die Gleichberechtigung bleibt: Die weibliche Version von Otto Normalverbraucher ist **„Lieschen Müller"**.

(Pssst … Sollen wir dir ein Geheimnis verraten? So unglaublich, ja geradezu ungeheuerlich, es klingen mag – alle Otto Normalverbraucher dieser Welt verbindet trotz ihrer Durchschnittlichkeit eine Besonderheit. Welche das ist, verraten wir dir auf Seite 68.)

B-Phänomene

So phänomenal ausgeglichen kennt man die beiden gar nicht.

Wer „Ah!" sagt, muss auch „Bäh!" sagen. Heißt im Klartext: Wir stellen dir jetzt die blödesten Phänomene aller Zeiten vor. Moment – kann es das überhaupt geben? Blöde Phänomene? Wir hatten doch schon herausgefunden, dass Phänomene immer superspitzenmäßig wunderbar und grandios sind. Sie können gar nicht anders. Möglicherweise sind also auch Bäh!- bzw. B-Phänomene gar nicht schlechter als Ah!-Phänomene, sondern nur nicht auf den ersten Blick als spitzenmäßig zu erkennen. Du darfst gespannt sein – aller Wahrscheinlichkeit nach, so viel sei verraten, werden sich auch viele scheinbar uninteressante Phänomene bei genauerem Hinsehen als ganz schön großartig erweisen.

▶ S. 34

von S. 112 ▶

B WIE BUCKLIGE

KlugscheißAh!-Info

Die Redewendung „Wer A sagt, muss auch B sagen" bedeutet, dass man etwas, das man angefangen hat, auch fortsetzen muss, selbst wenn das negative Konsequenzen haben sollte. Sich drücken gilt nicht! Das Sprichwort kommt – klar – vom Aufsagen des Alphabets: Auf A folgt bekanntermaßen B. Wer das weiß, hat allerdings keinerlei unangenehme Folgen zu befürchten.

Wie bitte? Du hältst dich eigentlich für viel zu schlau, um ein Kapitel über die blödesten Phänomene zu lesen? Du weißt also schon alles, was es so zu wissen gibt? Dir kann also niemand mehr nachsagen, du hättest von **Tuten und Blasen** keine Ahnung? Aber weißt du auch, woher diese Redewendung stammt? Nein? Dann solltest du vielleicht doch noch ein wenig in diesem Kapitel verweilen. Möglicherweise erhältst du später eine Antwort darauf.

Jetzt aber endlich zu den B-Phänomenen. An prominenter Stelle ist hier zu nennen: die bucklige Verwandtschaft. Was nicht heißt, dass Tante, Onkel, Opa und so weiter wirklich einen echten Buckel hätten. Diese Redewendung sagt nur aus, dass einem die Verwandten auf die Nerven gehen. Warum? Zum Beispiel weil sie häufig zu Besuch kommen, ohne eingeladen zu sein. Oder weil sie laut und albern sind und man sich deshalb ein bisschen für sie schämt.

VERWANDTSCHAFT

So wie man ungern zugibt, dass man gern ein B-Movie guckt, also einen Film, der mit wenig Geld und wenig Anspruch gedreht wurde. In solchen Filmen geht es nicht so hochgeistig und intellektuell zu wie bei uns, sondern eher übertrieben und unglaubwürdig.

EINE SCHMIERIGE ANGELEGENHEIT

In B-Movies wird zum Beispiel gern mit plumpen Scherzen gearbeitet. Jemand geht über eine Straße und **rutscht auf einer Bananenschale aus.** Haha, sehr witzig. Während sich die B-Movie-Fans noch wegschmeißen vor Lachen, ergründen wir schon einmal das Geheimnis der glitschigen Bananenschale. Beziehungsweise gehen wir der Frage nach, ob man auf einer Bananenschale tatsächlich ausrutschen kann.

Normalerweise kann man ja ganz gut über die Straße gehen, ohne zu schlittern. Das hängt mit der Reibung zusammen. Jeder Körper und jeder Gegenstand **– also wirklich j-e-d-e-r –** besteht aus Atomen, das sind winzige Materieteilchen. Wenn zwei Körper aufeinandertreffen, verhaken sich ihre Atome ineinander. Das muss man sich so vorstellen: Wenn man über die Straße geht, gehen die Atome der Schuhsohle eine Verbindung mit den Straßenatomen ein. Sie verhaken sich natürlich nicht so fest ineinander, dass man nicht mehr loskommt, aber doch so stark, dass man im Normalfall nicht ausrutscht und einen guten Halt hat. Dieses Verhaken nennt man Reibung.

… Jetzt hat Shary aber erst mal genug von Ralph!

Liegt nun eine Bananenschale auf der Straße und man tritt darauf, quetscht man Flüssigkeit aus der Schale – es bildet sich ein Movie … äh, Quatsch, ein Film zwischen Schuh und Straße. Die Oberflächenatome der Schuhsohle können sich nicht mehr mit den Atomen der Straße verhaken und man rutscht aus. Man kann nicht nur auf Bananenschalen ausrutschen, sondern auch auf allen anderen Dingen, die ein bisschen glitschig sind und verhindern, dass sich der Schuh mit dem Untergrund verbindet.

Tja, dann muss wohl auch Ralph allein weiterschlittern …

Bei genauem Hinsehen erkennst du vielleicht die Flutschatome …

S. 38

FÜR NACHTAKTIVE

Sie genießt die Ruhe und den einzigartigen Sternenhimmel …

Manche Phänomene könnte man auch einfach deshalb als B-Phänomene bezeichnen, weil sie mit dem Buchstaben „B“ beginnen. „Bett“ zum Beispiel. Ein Bett ist schon eine tolle Sache … Aber so ein richtiges Phänomen? Na ... Phänomenal ist, wie Mütter – und Väter – einen nerven können, damit man endlich ins Bett geht. Wirklich erstaunlich allerdings ist, dass man beim Schlafen nicht aus dem Bett fällt. Zumindest dann nicht, wenn man schon etwas größer ist.

Warum fallen nur Babys und kleine Kinder beim Schlafen aus dem Bett? Erwachsenen passiert das quasi nie. Das liegt daran, dass ein erwachsener Mensch in der Nacht immer wieder aufwacht – bis zu zehnmal in einer Stunde. In der Regel kann man sich morgens gar nicht an die vielen kurzen Aufwacher erinnern. Sie reichen allerdings aus, um die Umgebung wahrzunehmen und zum Beispiel festzustellen, dass man viel zu nah an der Bettkante liegt – und wieder zurückzurobben. Das hat die Natur phänomenal eingerichtet, was? Bei Kindern ist dieser Mechanismus noch nicht so gut ausgeprägt, sie müssen das Nicht-aus-dem-Bett-Fallen erst lernen. Deshalb schlafen Babys und ganz kleine Kinder am besten in Gitterbettchen.

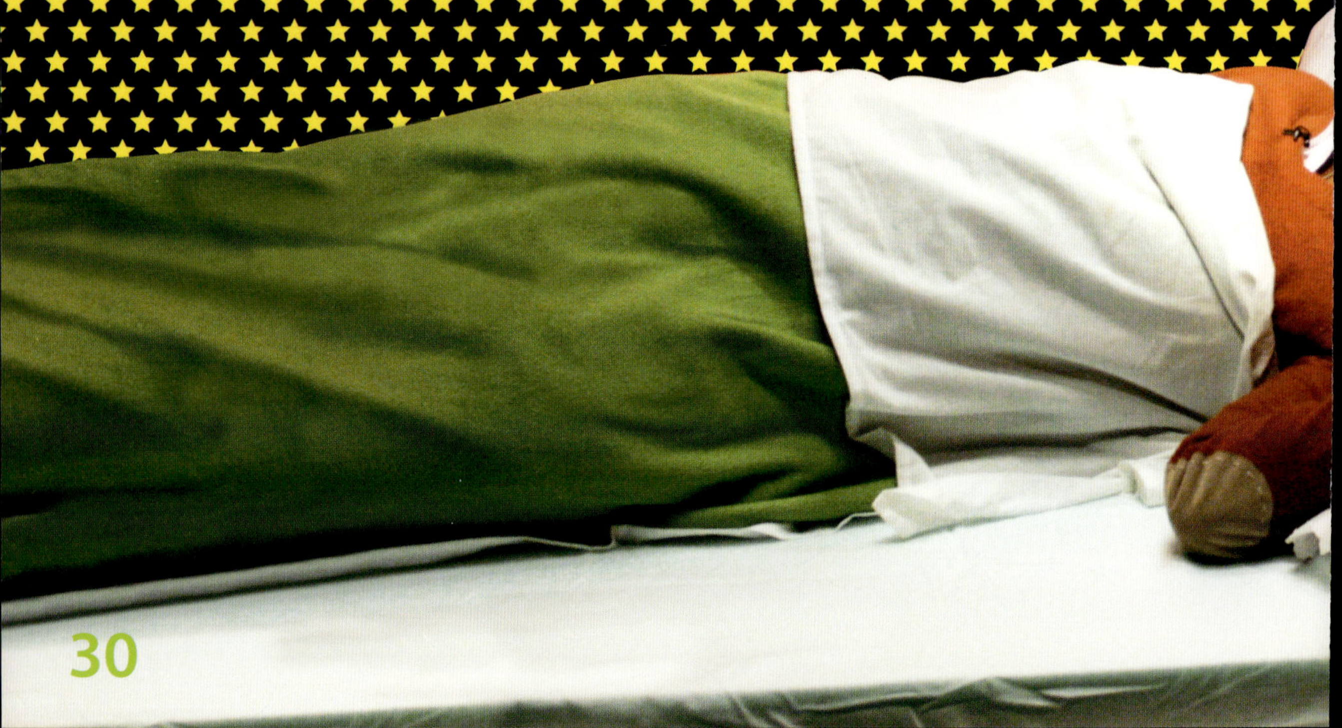

S
R
LUMPI

BÄHNOMENAL

Jetzt hatten wir B-Phänomene, die schlechter sind als Ah!-Phänomene, B-Phänomene, die mit dem Buchstaben „B" beginnen, was fehlt also noch? Genau, B-Phänomene, die eigentlich Bäh!-Phänomene heißen müssten. Weil sie richtig eklig sind. Man kann alles Mögliche eklig finden: Popel, gebratene Leber, Pupse. Grundsätzlich ist das **Ekeln** angeboren. Also, die Fähigkeit, sich zu ekeln. Aber wovor wir uns ekeln sollten, das wird erst gelernt. Ganz früher ekelten sich die Menschen wohl vor allem vor Dingen, die gefährlich sein konnten. Also zum Beispiel vor stinkendem, verschimmeltem Essen. Das finden wir heute immer noch widerlich. Wir können aber auch lernen, dass Dinge, die auf den ersten Blick eklig wirken, wie zum Beispiel ein kräftig riechender Schimmelkäse, gar nicht ungesund sind, und dann legen wir den Ekel davor wieder ab.

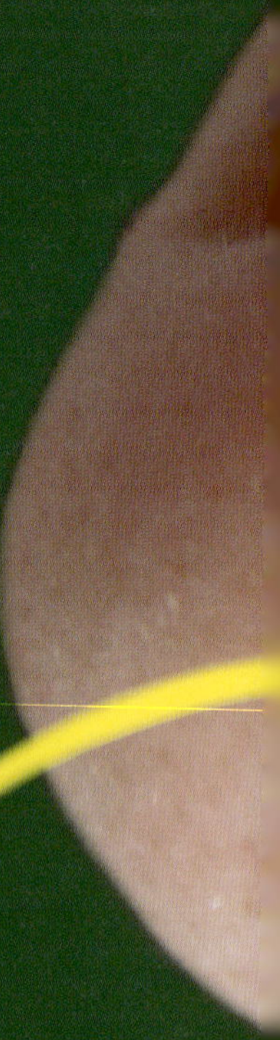

Bäh! Irgendetwas stört den Frieden ja doch immer!

Gar nicht eklig: ein leckerer Blauschimmelkäse!

Bei anderen Phänomenen – wie zum Beispiel dem Popeln – ist der Ekel eher gesellschaftlicher Natur. Das heißt: Popeln ist nicht gesundheitsschädlich, aber für einen anderen nicht schön anzusehen. Deshalb wird Kindern beigebracht, Popeln sei „Bäh!", und so lernen sie, sich davor zu ekeln. Zumindest vor dem Anblick von jemandem, der sich genüsslich einen dicken, fetten grünen Popel aus der Nase zieht. Wenn man das selbst macht, finden es viele gar nicht abstoßend, sondern eigentlich ganz appetitlich.

S. 50

Puuhhhh!

Nach so viel Ekel heißt es erst mal entspannen! –

von S. 25 ▶
Das liegt sicher an ihren Entspannungsübungen! Ommm …

MIT MANDAh! LAS!

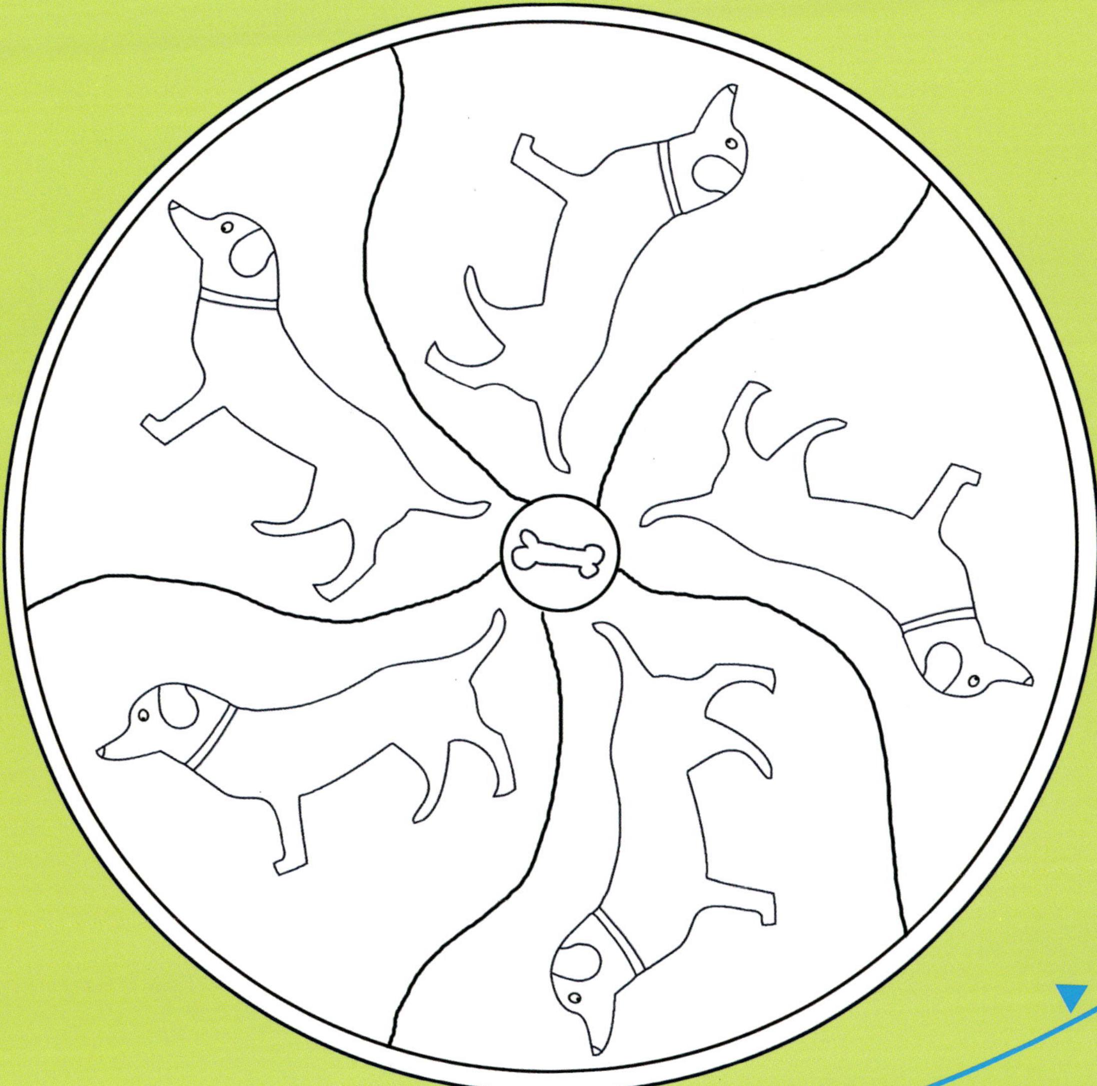

▶ S. 44

Ein Schatten balanciert niemals allein! (Näheres auf Seite 52.)

von S. 7

EIN ECHTER DRAh!TSEILAKT

Puh, wir müssen bei allem Vertrauen in deine phänomenalen Klugscheißerfähigkeiten ganz schön aufpassen, dass hier nicht alles superkompliziert wird und kein Mensch mehr was versteht. Aber langweilen sollst du dich natürlich auch nicht. Es ist manchmal ein ganz schöner **Balanceakt**, das Gleichgewicht zwischen Spannung und Entspannung zu halten. Beide Seiten müssen gleich viel Gewicht haben, damit es Spaß macht, dieses Buch zu lesen. Ein bisschen was vom Superkomplizierten, damit das Hirn in Schwung bleibt, und ein bisschen was vom Beschaulichen, damit man sich zwischendurch mal ausruhen kann.

… schließlich müssen ihn Shary und Ralph ja nicht unbedingt in dieser Verkleidung sehen!

Auch beim echten Balancieren, wenn man zum Beispiel über einen schmalen Balken läuft, kommt es auf das Gleichgewicht an. Dazu streckt man am besten beide Arme waagerecht vom Körper weg, so ist auf beiden Seiten gleich viel Gewicht. Und wenn es doch mal ein bisschen kippelig werden sollte und man sich zu einer Seite neigt, kann man mit dem Arm auf der anderen schnell ein Gegengewicht erzeugen. Praktisch. Runterfallen ist schließlich doof.

S. 40

von S. 29

Ob Segelohren wohl gegen Schwindelgefühle helfen?

... huch, auf einmal ist ihm

Ohr

an Großhirn: taumeln!

Schwierigkeiten mit dem Gleichgewicht kann man auch bekommen, wenn man fest mit beiden Beinen auf der Erde steht, das Gehirn aber glaubt, man drehe sich im Kreis. Perfekt ist so ein menschliches Gehirn nämlich nicht. Wenn es widersprüchliche Informationen empfängt, kann es nicht immer auf Anhieb entscheiden, welche nun die richtige ist. Das passiert zum Beispiel nach einer besonders rasanten Karussellfahrt. Oder wenn man sich schnell um die eigene Achse gedreht hat.

Dann meldet das Innenohr dem Gehirn nämlich etwas anderes als die Augen. Aha? Das musst du dir so vorstellen: Innen im Ohr befindet sich ein wichtiger Teil des Gleichgewichtssystems, die Bogengänge. Sie sind mit einer Flüssigkeit gefüllt und mit feinen Härchen besetzt. Bewegt man sich, schwappt die Flüssigkeit hin und her und dadurch werden die Härchen in Bewegung versetzt.

Ja so schwindelig! Bloß weg von hier!

S. 42

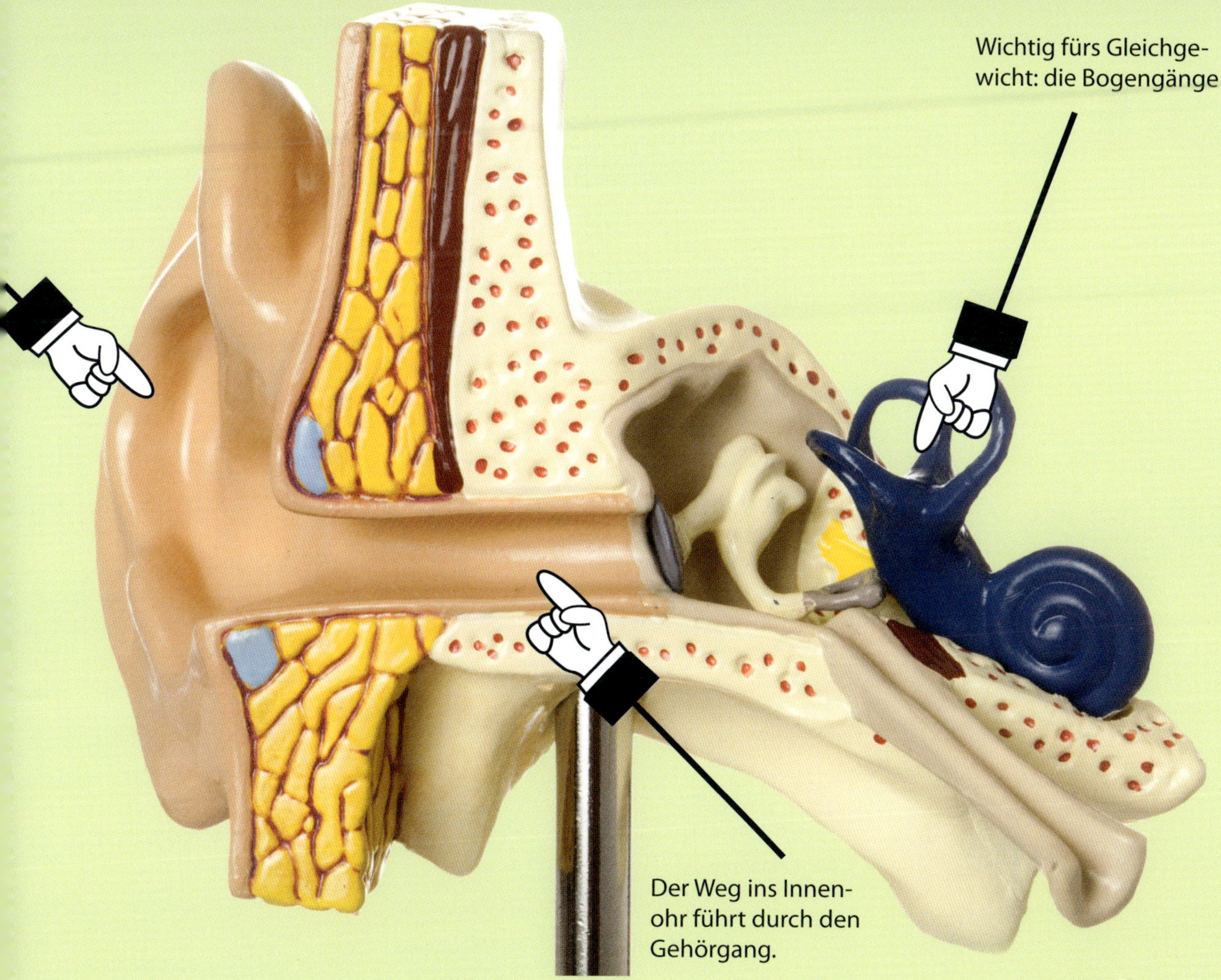

Wichtig fürs Gleichgewicht: die Bogengänge

Der Weg ins Innenohr führt durch den Gehörgang.

Die Härchen sind mit Nerven verbunden, die dem Gehirn die Information geben, dass eine Bewegung stattfindet. Die Augen, die ja wahrnehmen, dass wir uns drehen, bestätigen das. Das Gehirn steuert daraufhin die Muskeln so, dass man trotz der Drehbewegung nicht hinfällt. Dreht man sich ganz schnell und bleibt dann abrupt stehen, beruhigt sich die Flüssigkeit nicht sofort, sondern schwappt noch eine Weile hin und her – die Nerven glauben also, man sei noch in Bewegung. Die Augen senden dem Gehirn allerdings gleichzeitig die Information, dass man stehen geblieben ist. Das Gehirn ist verwirrt und weiß nicht, welches die richtige Information ist und wie es die Muskeln steuern soll. Effekt: Es wird einem schwindelig und man schwankt. Dieses Phänomen nennt man **Drehwurm**.

Was kriecht

Da fragt man sich natürlich: Wenn der Drehwurm gewissermaßen im Ohr sitzt, warum heißt er dann nicht Ohrwurm? Ganz einfach: weil dieser Name schon besetzt ist. Von einem Tierchen, das nachts in die Ohren der Schlafenden kriecht und sich am Ohrenschmalz gütlich tut … Ohrenkneifer – wie man Ohrwürmer auch nennt – sind nachtaktiv, also nur im Dunkeln unterwegs. Gut vorstellbar also, dass so ein „Wurm" in der Finsternis schon mal die falsche Abzweigung nimmt und sich ins Ohr verirrt. Gut vorstellbar und eine ganz reizende Vorstellung – kommt in Wahrheit aber in aller Regel nicht vor.

von S. 37

Mit solchen Krabbeltieren kennt sich Lumpi bestens aus.

denn da ins Ohr ...?

Wer sich jedoch von Zeit zu Zeit in ein Ohr verirrt, ist der **musikalische Ohrwurm**: Manchmal setzt sich eine Melodie so hartnäckig im Gehirn fest, dass man sie kaum mehr loswird. Kann ungeheuer nerven, ist aber auch wahnsinnig spannend. Denn bislang ist ungeklärt, weshalb quasi bei jedem Menschen von Zeit zu Zeit ein solcher Ohrwurm auftritt. Ein echtes Geheimphänomen sozusagen.

B wie Blasen und Tuten

Noch immer geheim ist auch, wie es zu der schönen Redewendung vom Tuten und Blasen kam. Da haben wir dich jetzt ganz schön lange auf die Folter gespannt, was? Aber das Warten hat sich gelohnt: Die Redewendung **„von Tuten und Blasen keine Ahnung haben“** stammt aus dem Mittelalter, als es noch Nachtwächter gab, die in der Dunkelheit durch die Straßen schritten und Wache hielten. Falls sie einen Einbrecher auf frischer Tat ertappten oder sahen, dass gerade irgendwo ein Feuer ausbrach, bliesen sie in das Horn, das sie stets bei sich trugen, und schlugen so Alarm.

Sein Wissen möchte er sogleich mit Ralph teilen!

Außerdem war es in einigen Städten Aufgabe der Nachtwächter, mithilfe des Horns die Uhrzeit anzusagen. Tuuuuut = 1 Uhr. Tuuuuut tuuuuut = 2 Uhr. Uh, stellen wir uns ganz schön nervig vor. Aber eine wichtige Aufgabe, denn in kaum einem Haushalt gab es damals eine Uhr. Der Beruf des Nachtwächters war also eine wichtige und verantwortungsvolle Angelegenheit. Trotzdem war die Stellenbeschreibung nicht besonders anspruchsvoll. Man musste nur imstande sein, nachts die Augen offen zu halten und in ein Horn zu blasen. Im Grunde konnte also jeder Nachtwächter werden. Wer selbst dafür zu blöd war, der konnte gar nichts, er hatte eben nicht einmal von Tuten und Blasen eine Ahnung.

Was Lumpi ihm wohl zu sagen hat?

von S. 38

Hat von Tuten und Blasen jede Menge Ahnung: der Nachtwächter.

von S. 35 ▶

So sind sie bestens gerüstet für die Phänomene des Schreckens!

S-Phänomene

Wir haben einen schlimmen Verdacht: Bei den S-Phänomenen, die jetzt an der Reihe sind, handelt es sich nicht etwa um Super-, Sonder- oder Spezial-Phänomene, sondern um so richtig schlechte Phänomene. Aaaahhhh! Das ist ja … das darf doch nicht … erst die blödesten und jetzt auch noch die schlechtesten Phänomene? Was für ein Buch soll das denn sein? Da muss Abhilfe geschaffen werden! Hier die ultimativen Tipps zur Vermeidung schlechter Phänomene: Du könntest zum Beispiel die Buchseiten zusammenpappen. Am besten mit Sekundenkleber, der klebt nämlich superschnell und es wird nie wieder jemand die Seiten auseinanderkriegen. Du würdest also sogar noch etwas Gutes tun, da du so auch andere davor bewahrst, sich diesen Unsinn durchzulesen. Oder du schnappst dir eine Schere und schneidest die Seiten einfach raus. Auch eine gute Idee. Wenn das nicht funktioniert, probier's doch mal mit Schäfchenzählen, vielleicht hast du Glück und schläfst einfach ein. Oder du springst über deinen Schatten und liest weiter, obwohl hier die SCHRECKENSPHÄNOMENE schlechthin auf dich lauern.

Moment mal … Haben wir uns etwa vertan und es folgen gar nicht die weltschlechtesten Phänomene? Sekundenkleber … Schere … Schäfchen … Schatten … Na klar, das ist es! S-Phänomene sind ganz spezielle Gegenstände und Erscheinungen, die mit einem „S" beginnen! Gar nicht schlecht und schrecklich, sondern spitzenmäßig und saugut. Puh, da sind wir aber erleichtert!

Ah!

SCHNIPP, SCHNAPP

Falls du also so schlau warst, die Buchseiten nicht zusammenzukleben, sondern sie einfach nur herauszuschneiden*, kannst du jetzt glücklicherweise immer noch weiterlesen. Das ist gut. Ob Buchseite oder anderes Papier: Ist es nicht herrlich, die Schere so durch das Papier gleiten zu lassen? Wie – das ist bei dir gar nicht immer ein geschmeidiges Gleiten, sondern eher ein ruckeliges Rumpeln? Dann hast du vielleicht das falsche Werkzeug benutzt. Denn nur weil sich etwas „Schere" nennt, muss es noch lange nicht geeignet sein, um Buchseiten zu zerschneiden.

Scheren gibt es nämlich in quasi allen erdenklichen Formen und Größen – und für ganz unterschiedliche Zwecke. Die besten Erfolgsaussichten für die Buchseitenzerteilung hast du wahrscheinlich mit einer Papierschere. Wenn deren Kanten die richtige Schärfe haben, gleitet sie nur so durchs Papier. Zu diesem Zweck wird sie – wie alle Scheren – in der Scherenfabrik geschliffen. Es gibt superscharfe Scheren und solche, die etwas stumpfer sind, die nimmt man zum Beispiel zum Basteln. Scharfschleifen allein reicht allerdings nicht. Wichtig ist, dass die beiden Klingen im richtigen Winkel zueinanderstehen. Schließt man die Schere, müssen die Klingen so übereinanderliegen, dass sie auf der gesamten Länge gleichmäßig drücken.

* Oder etwa doch nicht?!

▶ S. 88

n Sekundenkleber schwimmen die Kle ermoleküle nic
dern e i n z e l n herum. Sie verketten sic allerdings s-o-f-o
ser in Berührung kommen. Trotzdem m ss man nicht auf Ta
Sekundenkle er zu benutzen. In der Lu und auch auf jedem
enstand ist im r etwas Feuchtigkeit v anden – manchmal n
gen, aber die re n schon: Sobald ma en Sekundenkleber aus
und irgendwo au t, reagieren die K rmoleküle mit dieser Feu
ines Rätsel: Woran er t man den wah lugscheißer? Einzig mögl
ung: daran, dass er die mische Reak sofort beim Namen nennt, n
Polymerisation".) In Blitz windigkeit nden sich die Klebermolekül
ngen K-E-T-T-E-
en quasi auf der Stelle. Die
ndenklebermoleküle sind
erdem ein kleines bisschen
er als die Allesklebermoleküle
haften besser aneinander.
er klebt Sekundenkleber
stärker.

* Wir müssen der Ordnung halber darauf hinweisen: Die meisten Erwachsenen können es nicht besonders leiden, wenn Bücher so bearbeitet werden, dass sie nicht mehr lesbar sind. Könnte also Ärger geben. Wir wollen es nur gesagt haben.

Aha, da haben wir ja das Tatwerkzeug!

Schon jede Menge Sekunden verklebt …

Ein paar Sekunden für die Ewigkeit ...

Solltest du unserem allerersten Tipp gefolgt sein und zu diesem Zweck auch noch mit der Schere die Sekundenklebertube aufgeschnitten haben – dann hast du gleich zwei Dinge auf einmal ruiniert. (Was du natürlich nicht weißt, weil du das hier ja gar nicht lesen kannst. Gut für dich.) Die Schere ist jedenfalls hinüber und dieses Buch auch. Denn Sekundenkleber klebt so phänomenal gut, dass du weder die Schere noch die Buchseiten je wieder auseinanderbekommst. (Na ja, zumindest nur sehr schwer und mit herben Verlusten.)

von S. 43 ▶ Uih, jetzt müssen die beiden erst mal aufpassen, dass sie nicht kleben bleiben!

Ein stinknormaler Alleskleber besteht aus Molekülen, das sind winzig kleine Teilchen, von denen immer ein paar miteinander zusammenhängen, also kurze Ketten bilden. Außer den Klebermolekülen befindet sich noch Lösungsmittel im Klebstoff, damit der Kleber nicht schon in der Tube zusammenpappt. Drückt man den Kleber aus der Tube, verdunstet das Lösungsmittel. Dadurch rücken die Klebermoleküle enger zusammen, bleiben aneinander kleben und verbinden sich auch gleich noch mit der Oberfläche, auf die man den Kleber aufgetragen hat. Bis das Lösungsmittel verdunstet ist, dauert es allerdings einige Zeit und so lange ist die Klebung noch nicht fest.

Beim Sekundenkleber schwimmen die Klebermoleküle nicht in K-E-T-T-E-N, sondern einzeln herum. Sie verketten sich allerdings s-o-f-o-r-t, wenn sie mit Wasser in Berührung kommen. Trotzdem muss man nicht auf Tauchstation gehen, um Sekundenkleber zu benutzen. In der Luft und auch auf jedem Körper und Gegenstand ist immer etwas Feuchtigkeit vorhanden – manchmal nur winzigste Mengen, aber die reichen schon: Sobald man den Sekundenkleber aus der Tube lässt und irgendwo aufträgt, reagieren die Klebermoleküle mit dieser Feuchtigkeit. (Kleines Rätsel: Woran erkennt man den wahren Klugscheißer? Einzig mögliche Lösung: daran, dass er diese chemische Reaktion sofort beim Namen nennt, nämlich „Polymerisation".) In Blitzgeschwindigkeit verbinden sich die Klebermoleküle zu **langen** K-E-T-T-E-N und kleben quasi auf der Stelle. Die Sekundenklebermoleküle sind außerdem ein kleines bisschen größer als die Allesklebermoleküle und haften besser aneinander. Daher klebt Sekundenkleber auch stärker.

Schon jede Menge Sekunden verklebt …

von S.33

Ach, schau an, da ist ja auch Shary.

Was sind das denn für Geräusche? Schnarcht da etwa jemand? Das muss dann wohl derjenige sein, der unserem dritten Tipp gefolgt ist. Na, dann wollen wir nicht stören und lassen den Schläfer in Ruhe sein Nickerchen beenden …

Jetzt haben sich die drei wirklich ein kleines Nickerchen verdient …

SPORT FÜR SPEZIALISTEN: SCHATTENSPRINGEN!

Dafür sprechen wir jetzt zu denen, die **über ihren Schatten gesprungen sind** und trotz Ankündigung der miserabelsten Phänomene aller Zeiten einfach weitergelesen haben. Zu dieser Entscheidung können wir dich nur beglückwünschen. Denn jetzt erfährst du das Ergebnis eines Spezialtests, den wir quasi nur für dich durchgeführt haben. Die Frage lautete: Kann man tatsächlich und nicht nur im übertragenen Sinne über seinen eigenen Schatten springen? Wir haben uns die Sache nicht leicht gemacht, jede Menge blauer Flecken davongetragen, uns zigmal um die eigene Achse gedreht, es mit Anlauf versucht und aus dem Stand – aber nein, es ging nicht.

Aber natürlich nur, um gleich ganz dynamisch weiterzusprinten!

Du meinst, wir seien nicht sportlich genug? Da bist du schiefgewickelt. Schuld ist einzig und allein der Schatten. Ist ja eigentlich auch klar. Also: Ein Schatten entsteht dann, wenn Licht auf einen Gegenstand oder Körper fällt. Der hält das Licht auf, während das restliche Licht sozusagen außen herum auf den Boden fällt. Ein Schatten ist also die Abwesenheit von Licht. Und zwar genau in der Form, die der Gegenstand hat, der das Licht aufhält. Wenn du mitten im Raum stehst und von schräg oben rechts von einer Lampe angestrahlt wirst, liegt schräg links hinter dir auf dem Boden ein Schatten, der in etwa deinem Umriss entspricht. Wenn du dich bewegst, bewegt sich auch dein Schatten. Je nachdem, von wo das Licht kommt, wird er außerdem kürzer oder länger.

Wenn man versucht, über seinen eigenen Schatten zu springen, springt der Schatten einfach mit. Wie man sich auch dreht und wendet, es wird niemals gelingen, über den eigenen Schatten zu springen. Im übertragenen Sinne ist das allerdings durchaus möglich und von Zeit zu Zeit auch angebracht. Die Redewendung „über den eigenen Schatten springen“ bedeutet, dass man etwas tut, was man eigentlich nur sehr ungern tun möchte, weil es dem eigenen Wesen widerstrebt.

SCHWUNGVOLL GEHT'S WEITER!

Na, das klappt doch ganz hervorragend mit den S-Phänomenen. Wer hätte das gedacht? Und wo wir gerade so schön in Schwung sind, wollen wir gar nicht lange zögern und stürzen uns sofort auf das nächste Spezialphänomen. Auch wenn man dafür nicht unbedingt ein Klugscheißer sein muss: Schwungholen ist gar nicht so einfach, das muss man erst lernen, zum Beispiel auf einer Schaukel. Am besten stößt man sich zunächst mal mit den Füßen vom Boden ab, das erleichtert die Sache gewaltig. Dann beugt man den Oberkörper vor und zurück, vor und zurück. Sobald man etwas Fahrt aufgenommen hat, kommen die Beine ins Spiel. Ist man am hintersten Punkt des Schwungs angelangt, streckt man die Beine gerade nach vorn aus. Erreicht man den vordersten Punkt, winkelt man sie nach hinten an. Durch diese Beinbewegung verlagert man seinen Körperschwerpunkt auf der Schaukel. Mal liegt er ein bisschen weiter oben, mal ein bisschen weiter unten. Und dadurch produziert man Energie, die die Schaukel in Schwung hält, ohne dass man sich mit den Füßen abstoßen muss. Entscheidend ist, dass man für das Ausstrecken und Anwinkeln der Beine den jeweils richtigen Moment erwischt. Das ist der springende Punkt.

Ralph und Shary erleben einen regelrechten Höhenflug.

Schaukeln sieht aus wie ein Kinderspiel, aber …

Lumpi wird es zu rasant …

S. 63

PHILOSOPHIE FÜR ANFÄNGER

Aristoteles: Da sitzt er und sinnt – wie es sich für einen Philosophen gehört.

Den können selbst die kniffligsten philosophischen Fragen nicht beenden.

Der „springende Punkt“ ist ein Urgestein unter den Redewendungen und lässt sich auf den griechischen Philosophen Aristoteles zurückführen. Der entdeckte nämlich vor über 2 300 Jahren einen kleinen roten Punkt im Eigelb eines befruchteten Eis. Und dieser Punkt hüpfte in der Eimasse auf und ab – war also der Beginn eines hyperaktiven Kükens: sein Herzschlag. (Das hat aber erst im 17. Jahrhundert der englische Arzt William Harvey definitiv herausgefunden.) Der springende Punkt ist also im übertragenen Sinne die Kernaussage einer Sache. Ohne Herz – oder Herzstück – kann nichts und niemand existieren. Meine Güte …

… wie philosophisch wir mal wieder sind! Gute Philosophie braucht ihre Zeit. Die gerade hat der **Schnappschuss** nicht. Damit meint man nämlich, dass man sich den Moment beziehungsweise die Kamera schnappt und ohne große Vorbereitung wie Scharfstellen, „Cheeeeese" sagen (sprich: tschiiihss) oder sonst was einfach abdrückt.

Das Foto ist dann dementsprechend – oft verwackelt, manchmal mit Körpern ohne Köpfe, weil die abgeschnitten wurden (vom Bildrand) und so weiter. Ab und zu kommt es aber auch zu überraschend guten Ergebnissen.

Schnell noch ein gut gelauntes Erinnerungsfoto …

FÜR SIE IMMER NOCH *HERR* KLUGSCHEISSER!

Adolph Freiherr Knigge: angeblich der Vater aller Benimmregeln. In Wahrheit hat er sich sehr kluge Gedanken über den richtigen „Umgang mit Menschen“ gemacht und sie aufgeschrieben.

Und richtig schöne Bilder können durchaus nützlich sein für die Kontaktaufnahme. Da kann es schnell mal sein, dass jemand zu dir sagt: „Du kannst mich ruhig duzen." Auch wenn du zuerst verdutzt bist: Das bedeutet nichts anderes, als dass dir jemand gerade das „Du" angeboten hat. Das ist ein tolles Angebot, zu dem du nicht „Nein" sagen solltest, sondern: „Das ist aber nett von dir!" Das „Du" bietet übrigens immer der Ältere dem Jüngeren an, das ist so Tradition. Also eher ein Erwachsener einem Kind als andersherum. Kinder werden ja ohnehin geduzt. Und daran kann man auch gar nichts ändern. Man kann ja schlecht jemandem das „Sie" anbieten.

… schon kehrt Shary Ralph den Rücken. ▶ S. 70

dann trollt Ralph sich eben. ▶ S. 69

… und dann ein höfliches „Auf Wiedersehen" …

EINEMILLIONDREIHUNDERTVIER, EINEMILLIONDREIHUNDERTFÜNF, …

Selbst wenn es also diesen winzigen Makel beim „Sie“ gibt, müssen wir doch feststellen, dass S-Phänomene sehr viel besser sind als ihr Ruf. Man könnte auch sagen, wir haben dich nach Strich und Faden belogen, als wir behauptet haben, S-Phänomene seien irrsinnig schlecht. Aber das war doch klar, oder? Es gibt so wahnsinnig viele schöne Wörter, die mit S beginnen, und noch mehr fantastische Phänomene, die sich dahinter verbergen, dass wir einfach nur die Augen zumachen und aus dem Meer der Möglichkeiten etwas herausfischen müssen.

von S. 55

… er nimmt die Abkürzung durchs Traumland …

Apropos Augen zumachen und fischen: Wusstest du, dass auch Fische schlafen? Sie müssen das allerdings mit offenen Augen tun, denn sie haben keine Lider. Daher erkennt man meist gar nicht, ob ein Fisch nun wach ist oder nicht. Oder ob er so dazwischenhängt und vielleicht gerade **Schäfchen zählt**. „Schäfchen zählen" ist übrigens nicht einfach nur so ein Ausdruck, sondern kann tatsächlich beim Einschlafen helfen. Denn wenn man an Schäfchen denkt, kann man zum Beispiel nicht an die Deutscharbeit am nächsten Tag denken, wegen der man doch eigentlich so aufgeregt ist. Das Gehirn kommt zur Ruhe, man entspannt sich und gleitet ins Traumland hinüber. Im Grunde ist es völlig egal, was man zählt oder ob überhaupt. Hauptsache, man lenkt sich mit etwas ab, das einen nicht noch zusätzlich aufregt. Man kann zum Beispiel auch in Gedanken das Alphabet rückwärts aufsagen. Dabei muss man sich nämlich auch ganz schön konzentrieren und kann an nichts anderes denken. Aber nicht aufregen, falls es nicht klappt!

… wo alle in bester Plauderlaune sind!

Sprachphänomene

Mit diesem Kapitel gab es ein kleines Problem. Es existieren so viele tolle Sprachphänomene und hier ist leider nur Platz für einige von ihnen – da weiß man gar nicht, wie man sich entscheiden soll: Welche Sprachphänomene kommen rein, welche müssen draußen bleiben? Das gab wilde Diskussionen! Selbst Lumpi wollte etwas beisteuern, dabei spricht der ja noch nicht einmal unsere Sprache. Aber in seiner ist er ziemlich fit, um nicht zu sagen: beredt. Es gibt nämlich nicht nur jede Menge verschiedener menschlicher Sprachen, auch Tiere kommunizieren über ganz unterschiedliche Laute miteinander.

Bellen, Miauen, Wiehern, Fiepen, Jaulen, Zwitschern und so weiter und so fort. Und nicht nur das: Sie verständigen sich auch mithilfe von Bewegungen oder mittels ihrer Ausscheidungen. Jaaaa, manche Lebewesen sagen mit Pipi, Schweiß und Ähnlichem, was sie ihren Artgenossen mitzuteilen haben. Ach, die wunderbare Welt der Tiere. Vielleicht wird dir Lumpi eines Tages mehr darüber erzählen. Aber nun zurück zum eigentlichen Thema: Sprachphänomene. Schweren Herzens wurden die zweit-, dritt, und-so-weiter-schönsten aussortiert und geblieben sind nur die wirklich allerschönsten.

BLAh! bLAh! BLAh!

Auch Lumpi kommt aus dem Quasseln gar nicht mehr heraus.

Zunächst muss die wichtigste aller sprachphänomenologischen Fragen geklärt werden: Was ist eigentlich die Mehrzahl von „Wort“? „Wörter“? „Worte“? Weißt du es? Die richtige Antwort lautet: beide. Dieser Satz besteht aus einzelnen Wörtern. Wörter sind (sinnvolle) Aneinanderreihungen von Buchstaben. Worte hingegen sind (mehr oder weniger sinnvolle) Aneinanderreihungen von Gedanken. Worte sind der Inhalt, den die einzelnen Wörter transportieren. Wenn jemand sagt: „Du wirst noch an meine Worte denken!“ dann soll man sich also nicht all die einzelnen Wörter merken, sondern den Inhalt. Klar?

Es ist übrigens ziemlich praktisch, dass man sich meistens nur die Worte merken muss und nicht die Wörter. Viele Menschen verwenden nämlich unglaublich viele Wörter für nur ein klitzekleines bisschen Inhalt. Und Wörter gibt es quasi wie Sand am Meer. Man kann sie gar nicht alle zählen. Allein in einem normalen deutschen Wörterbuch stehen schon 135 000. Und das sind noch längst nicht alle deutschen Wörter, sondern nur die, die in der Alltagssprache am häufigsten verwendet werden. Die meisten Fachbegriffe, zum Beispiel aus der Medizin oder aus der Ingenieurtechnik, kommen darin nicht vor. Außerdem kann man gerade in der deutschen Sprache immer wieder neue Wörter bilden, indem man bereits vorhandene aneinanderreiht. Zum Beispiel Lieblingssprachphänomenelexikonseitenzahl. Oder so.

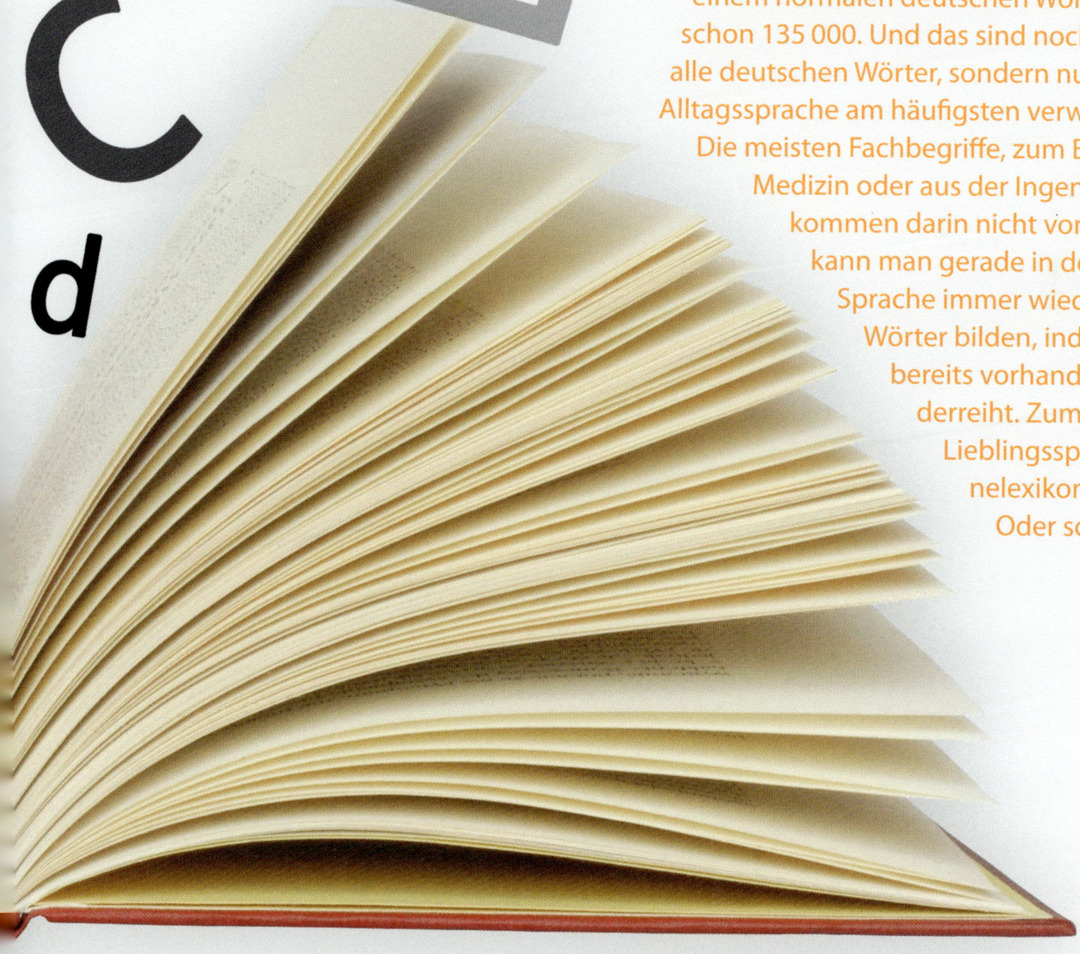

?LESEN ESEL?

Vielleicht erinnerst du dich: Wir schulden dir noch die Erklärung, was an Otto Normalverbraucher so besonders ist. Jetzt gut aufgepasst: Otto ist ein Palindrom. Das Volk der **Palindrome** lebt … Ja, wo lebt das denn? Du hast keine Ahnung? Wir auch nicht. Anders gesagt: Dieses Volk gibt es gar nicht. Otto ist aber trotzdem ein Palindrom. Palindrome sind Wörter oder Sätze, die man nicht nur vorwärts, sondern auch rückwärts lesen kann. Manche ergeben dabei genau dasselbe Wort – wie zum Beispiel OttO. Oder AnnA. Oder AnnA-SuSAnnA. Es gibt aber nicht nur Namenspalindrome. Auch die EbbE ist ein Palindrom und ebenso das LagerregaL. Es gibt sogar ganze Sätze, die vorwärts und rückwärts gleich lauten. Zum Beispiel: „Ein Esel lesE niE“. Muss er ja auch gar nicht, schließlich ist ein Esel ein ReittieR. Übrigens gibt es auch Palindrome, die rückwärts zwar nicht dasselbe ergeben wie vorwärts, aber ein anderes sinnvolles Wort. GraS beispielsweise. Oder NebeL. Fallen dir noch mehr Palindrome ein?

Und unversehens findet er sich in tierischer Gesellschaft wieder.

KlugscheißAh!-Info

„Palindrom" kommt vom griechischen „palíndromos", was so viel heißt wie „zurücklaufend".

Für zwischendurch hier ein kleines Rätsel: Was hat ein Kaiser mit Karies zu tun? Die Auflösung gibt's auf Seite 86.

Gemeinsam geht es weiter durch den Buchstabendschungel …

We ♥ Lumpi

VON **Ah!** BIS Z

„Falsches Üben von Xylophonmusik quält jeden größeren Zwerg."

S T U V

… … da schwirrt einem ja der Kopf!

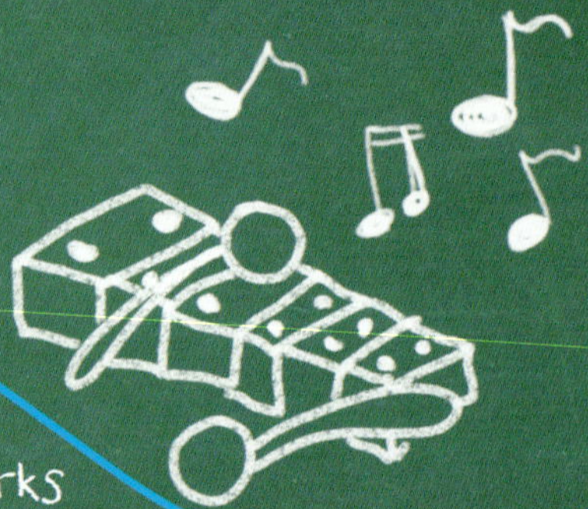

Lass die Schönheit dieses Sprachkunstwerks einfach mal auf dich wirken!

Na, hast du schon erkannt, was das Phänomenale an diesem mehr oder weniger sinnlosen Satz ist? Klar: Er enthält ALLE Buchstaben unseres Alphabets und sogar die Umlaute ä, ö und ü und das ß!

L M N

… Aber lange hält sie es doch nicht ohne ihn aus!

A B C

von S. 61

D E F G H I J K

Ja, und nimm dir ruhig auch die Zeit, einfach mal einen genaueren Blick auf die Buchstaben zu werfen. Bitte nachzählen. Es stimmt, nicht wahr? Alle 30 Buchstaben sind vertreten.

Ralph ist ein Zwerg

Gut, dass Shary mit ihrer starken Schulter wieder da ist.

O P Q R

W X Y Z

So einen Satz, in dem jeder Buchstabe des Alphabets vorkommt, nennt man PANGRAMM. Pangramme, in denen jeder Buchstabe nur genau ein einziges Mal vorkommt, sind in der deutschen Sprache übrigens sehr schwer zu bilden, weil wir so wenige Vokale haben. Da kommen dann zum Beispiel Sätze raus wie: „Fix Schwyz, quäkt Jürgen blöd vom Paß."

Und das ist auch noch ein bisschen geschummelt, weil man „Paß" schon seit geraumer Zeit nicht mehr mit „ß", sondern mit „ss" schreibt. (Es gab nämlich früher mal eine andere Rechtschreibung, aber das ist lange her ...)

Ä Ö Ü

ZUBLÄSER GESUCHT

Im Grunde könnten wir in diesem Kapitel auch einfach nur über Shary und Ralph sprechen. Schließlich sind die beiden an sich ja schon echte Sprachphänomene. Beziehungsweise phänomenale Sprecher. Und Meister der Improvisation: Wenn sie mal ihren Text vergessen haben, denken sie sich blitzschnell einen neuen aus und keiner merkt was. Aber natürlich kann nicht jeder so ein Improvisationsgenie sein. Mancher Schauspieler zum Beispiel hat echte Schwierigkeiten, sich zu merken, wann er welchen Satz sagen soll. Wie gut, wenn er dann ein Soufflé (sprich: suffleh) zur Hand hat! Ein Soufflé ist eine französische Nachspeise mit vielen Eiern. Eine Art Eierauflauf. Lecker! Derart gestärkt, fällt einem der Text garantiert wieder ein. Wenn man selbst kein so richtig guter Koch ist, sollte man sich am besten stets von einem **Souffleur** (sprich: sufflöhr) begleiten lassen, der einem in einer Notsituation eine Eierspeise zubereitet.

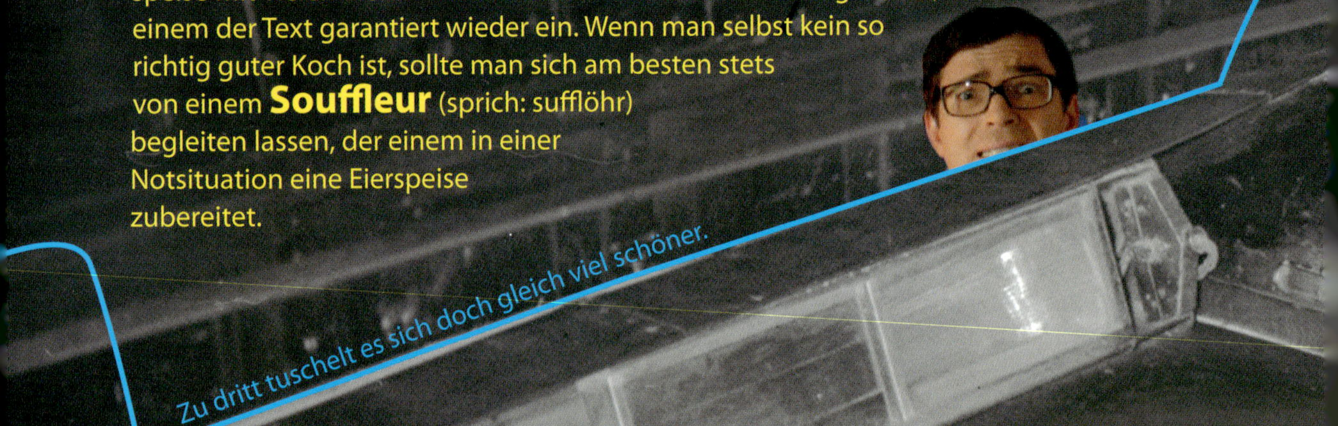

Zu dritt tuschelt es sich doch gleich viel schöner.

Na schön … vielleicht ahnst du es schon: Da haben wir dich mal wieder ein wenig aufs Glatteis geführt. Man braucht für den richtigen Text natürlich nur den Souffleur und kein Soufflé. Das Wort „Souffleur" ist französisch und bedeutet eigentlich so etwas wie „Zubläser". Souffleure sitzen im Theater in einem „Souffleurkasten", der in den Bühnenboden eingelassen ist, oder sie sind einfach am Bühnenrand und flüstern den Schauspielern, falls die mal nicht weiterwissen, die nächsten Zeilen zu. Ganz leise natürlich, sodass das Publikum es nicht merkt. Es handelt sich also um ein Sssshhhhprachphänomen.

Schön versteckt: der Souffleur im Souffleurkasten.

Des Esels Brücke

Wenn man andauernd Texthänger hat oder sich etwas anderes absolut nicht merken kann, hilft man sich am besten mit einer **Eselsbrücke**. Das ist ein „Merkspruch", so was wie: „Wer nämlich mit h schreibt, ist dämlich." Der Ausdruck „Eselsbrücke" kommt wohl daher, dass Esel wasserscheu sind und nicht gern durch Bäche waten, auch wenn sie ganz flach sind. Wollte früher ein Bauer mit seinem Lastesel ein Gewässer überqueren, musste er ihm extra eine kleine Brücke bauen. Er gab ihm also eine Hilfestellung.

ÄRGER HINTERM VORHANG

Aber hat Ralph etwa ein Geheimnis ausgeplaudert?

Noch ein spitzenmäßiges Sprachphänomen ist die **Gardinenpredigt**. Dabei wird im Gegensatz zum Soufflieren, das still und leise vonstattengeht, **ganz viel und ganz laut und ganz schnell gesprochen**. Früher bezeichnete man als „Gardine“ einen Vorhang am Bett, den man beim Schlafengehen zuziehen konnte, damit es schön warm und dunkel war. Der Überlieferung nach spielte sich immer wieder Folgendes ab: Die Frau ging früh zu Bett, um sich am nächsten Morgen wieder gut ausgeruht dem Haushalt und den Kindern widmen zu können. Der Mann hingegen verschwand nach getaner Arbeit gern noch auf ein, zwei Bier ins Wirtshaus. Wollte er sich dann mitten in der Nacht heimlich, still und leise, aber sturzbetrunken zu seiner Frau ins Bett schleichen, konnte es passieren, dass diese bereits hinter dem Vorhang auf ihn wartete und ihm wegen seiner Sauferei eine Strafpredigt an der Gardine hielt. Also eine Gardinenpredigt.

Zumindest schickt Shary ihn … ▶ S. 82

EIN X FÜR EIN U

Besonders laut fiel so eine Gardinenpredigt sicherlich aus, wenn sich der Mann auch noch vom Wirt hatte übers Ohr hauen lassen. Wenn ihm der Wirt also zu viel Geld abgeknöpft hatte. Um das zu bewerkstelligen, haben sich früher, vor allem so um das Mittelalter herum, manche Wirte eines ganz speziellen Sprachphänomens bedient. Oder … besser gesagt, eines Buchstabenphänomens. Oder … hm, genau genommen eines Zahlenphänomens. Beziehungsweise einer Mischung aus beidem. Vielleicht hast du schon mal was von römischen Ziffern gehört. Die wurden von den alten Römern erfunden und sehen zum Beispiel so aus: **I (= 1), II (= 2), V (= 5), X (= 10)**. Heute sind sie nicht mehr so gebräuchlich, aber im Mittelalter wurde noch damit gerechnet. Der Wirt schrieb mit Kreide auf eine Tafel, für wie viele Taler ein Gast gezecht hatte. Und wenn es dann ans Bezahlen ging, machte manch ein Wirt einfach aus einem V ein X und konnte so statt 5 Talern 10 Taler kassieren. Im Mittelalter war das **V** übrigens das Gleiche wie ein **U**. Und deshalb verwendet man heute noch die Redewendung „jemandem **ein X für ein U** vormachen“, wenn einer den anderen täuschen will.

Shary lässt sich jedenfalls nichts vormachen!

I = 1
II = 2
III = 3
IV = 4
V = 5
VI = 6
VII = 7
VIII = 8
IX = 9
X = 10

KlugscheißAh!-Info

Weshalb heißt dieses Pappding, das man unter sein Glas legt, eigentlich „Bierdeckel"? „Bier", weil man es früher vor allem beim Biertrinken verwendete. Und „Deckel", weil man damit im Freien den Bierkrug abdeckte (statt ihn daraufzustellen), damit keine Insekten oder Blätter hineinfallen konnten. Ah!

OKAY, FÜR DEN WAHRHEITSGEHALT DES FOLGENDEN KÖNNEN WIR NICHT GARANTIEREN

Sprachphänomene können auch zustande kommen, wenn es jemand nicht so mit der Sprache hat. Sich also nicht so gewählt ausdrückt wie wir. Oder zumindest nicht so wahnsinnig viel von Rechtschreibung versteht. Als Beispiel hätten wir da … Andrew Jackson (sprich: ändru dschäksen).

Sie erzählt lieber ihrem treuen Begleiter Lumpi eine schier unglaubliche Geschichte.

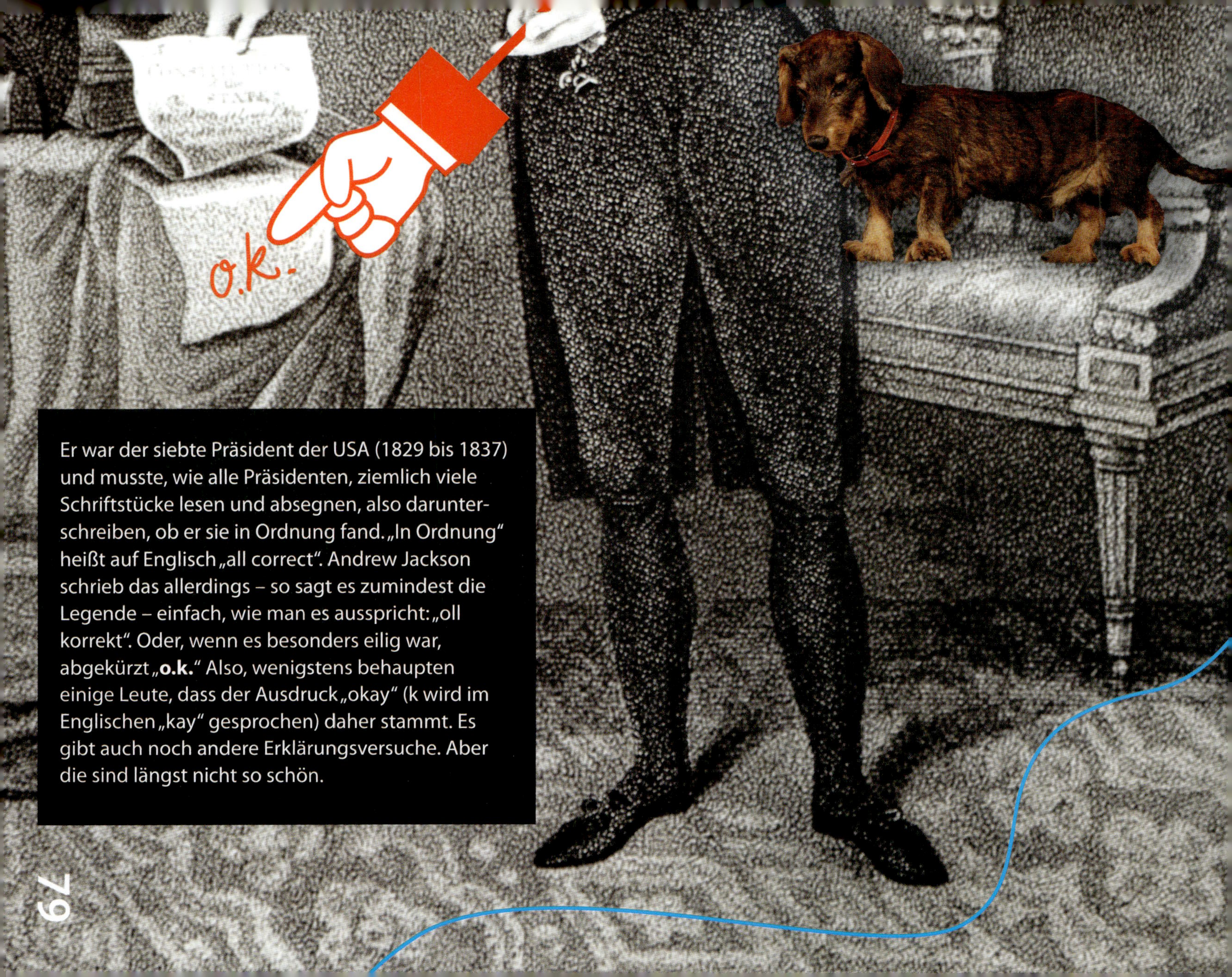

Er war der siebte Präsident der USA (1829 bis 1837) und musste, wie alle Präsidenten, ziemlich viele Schriftstücke lesen und absegnen, also darunterschreiben, ob er sie in Ordnung fand. „In Ordnung" heißt auf Englisch „all correct". Andrew Jackson schrieb das allerdings – so sagt es zumindest die Legende – einfach, wie man es ausspricht: „oll korrekt". Oder, wenn es besonders eilig war, abgekürzt „**o.k.**" Also, wenigstens behaupten einige Leute, dass der Ausdruck „okay" (k wird im Englischen „kay" gesprochen) daher stammt. Es gibt auch noch andere Erklärungsversuche. Aber die sind längst nicht so schön.

AUCH EIN PHÄNOMEN: UFOS

Shary macht sich lieber schnell aus dem Staub! ▶ S. 100

… aber UFOs? Das ist doch wirklich seeehhhr weit hergeholt …

Lumpi gerät voll ins Visier der Außerirdischen!
S. 92

...---...

Apropos Präsident. So etwas wie der „Präsident" eines Schiffs ist – klar – der Kapitän. Und dazu fällt uns ganz spontan eine phänomenale Geschichte ein. Es kann gut sein, dass sich früher auf einsamen Inseln gelegentlich folgende Szene abspielte: Der Kapitän eines gesunkenen Schiffs konnte sich als einziger Überlebender auf ein Eiland (anderes Wort für „Insel") retten und machte sich sofort, wie es die Rettungsvorschrift verlangt, daran, mit Steinen und Ästen ein schön großes Notrufzeichen auf den Strand zu legen. Er wartete und wartete, doch obwohl von Zeit zu Zeit Flugzeuge über die Insel flogen, kam ihm niemand zu Hilfe. Schließlich kletterte er auf einen Hügel und betrachtete von oben das Wort, das er auf den Sand gelegt hatte: WM.

Dreh das Buch doch mal auf den Kopf: genau! Das „SOS" ist immer noch wunderbar zu erkennen. Phänomenal.

von S. 75 ▶

Öh, denkst du? Das ergibt doch gar keinen Sinn? Da hast du vollkommen recht. Aber zur Ehrenrettung des Kapitäns sei gesagt: Es ist ja auch wirklich ganz schön schwierig, all diese **Ambigramme** auseinanderzuhalten. Nein – „Ambigramm" heißt nicht „Notrufzeichen". Ein Ambigramm ist ein Wort, das man auch dann noch lesen kann, wenn es auf dem Kopf steht. So wie WM. Oder – genau – wie SOS. Das ist ein internationales Signal für Notlagen aller Art. Hätte der Kapitän das auf den Sand gelegt, hätten es alle Piloten, die über die Insel flogen, lesen können – egal, aus welcher Richtung sie kamen.

KlugscheißAh!-Info

„SOS" stammt aus der Morsesprache und wurde 1906 als Notrufzeichen eingeführt. Die Signalfolge war „dreimal kurz – dreimal lang – dreimal kurz".

DURCHSCHLAGENDER EFFEKT

Seit man weniger Morsebotschaften und mehr E-Mails verschickt, gibt es ganz neue Phänomene. Zum Beispiel das Cc-Feld. Hast du das schon mal benutzt? Im Kopf einer E-Mail gibt es ein Feld, in das man die E-Mail-Adresse des Empfängers einträgt. Und direkt darunter befindet sich ein Feld, vor dem „Cc“ steht. Das kommt von dem englischen Ausdruck „carbon copy“ und der heißt „Kohlepapierdurchschlag“.

Per Brief bittet er Shary um Verzeihung und fühlt sich …

Wollte man früher, als man noch die meisten Texte von Hand oder auf der Schreibmaschine schrieb, eine Kopie von einem Brief haben, musste man vor dem Schreiben ein Blatt Kohlepapier (auch Durchschreibepapier genannt) zwischen zwei weiße Seiten legen. Dann wurde der Text, den man auf das obere weiße Blatt schrieb, auf das untere weiße Blatt durchgedrückt. Und man hatte eine wunderschöne Kopie, die man einem weiteren Empfänger zukommen lassen oder abheften konnte.

Jaaaa, mit so etwas hat man früher die Briefe geschrieben. Nix E-Mails!

KAISER MIT KARIES

NAME Ralph Kaiser GEB. AM 01.01.2001

KRANKENKASSE Kaiserkasse

DATUM

DIAGNOSE Karies

X

Erinnerst du dich noch an das Rätsel vom Kaiser und seinem Karies? Sicher hast du längst rausgefunden, was die beiden miteinander zu tun haben. Falls nicht, lass uns mal gemeinsam überlegen. Möglicherweise haben Kaiser besonders häufig Karies, weil sie doch sicher viele Süßigkeiten geschenkt bekommen. Oder vielleicht muss man sich als Kaiser die Zähne nicht putzen.

Majestät, bitte mal den Mund aufmachen!

NAME

KRANKENKASSE

GEB. AM

DIAGNOSE

DATUM

Wir wollen ehrlich zu dir sein: All das wissen wir nicht genau. Aber wir wissen ganz genau, was der Kaiser und die Zahnkrankheit gemeinsam haben: Sie sind Anagramme. Sie enthalten dieselben Buchstaben. Wenn man alle Buchstaben eines Worts in eine andere Reihenfolge bringt – so, dass ein sinnvolles neues Wort entsteht –, dann nennt man dieses Wort Anagramm. Fallen dir noch ein paar ein?

_ _

_ _

… wahrhaft kaiserlich! Würdevoll schreitet er …

S. 107

ÄH ... JA, ALSO ...

... Nun ist dieses phänomenale Kapitel doch glatt ... ach ja ... man mag es kaum aussprechen ... ja, also, das Kapitel nähert sich dem Ende. Mhm. Ist wirklich so. Um das Unvermeidliche noch ein klitzekleines bisschen hinauszuzögern, stopfen wir ... hm, ja ... einfach noch ein paar **Füllwörter** hinein. Denn das ... ja, äh, das sind diese kurzen oder vielleicht auch etwas längeren Wörter, die ... äh ... ja, also, die man halt sagt, um ... tja, um etwas zu sagen, also ... äh ... wenn einem sonst nichts mehr einfällt. Oder wenn man während des Redens noch ein wenig nachdenkt. Äääähhh ... Oder man benutzt sie einfach zwischendurch. Nur so. Jeder verwendet Füllwörter, man merkt es aber eben meist gar nicht, außer wenn es zu viele werden. Dann, äh – wie sollen wir sagen? – sieht man sozusagen den Wald vor lauter Bäumen nicht, also den Kern des Gesagten vor lauter Füllwörtern. Manchmal ist natürlich auch gar kein Kern da. Beim Schreiben sollte man Füllwörter übrigens eigentlich lieber weglassen, die machen sich nämlich in den meisten Texten einfach nicht SO gut und hindern den Lesefluss. Ja ... ähm ... so ist das halt. Ja ja. Irgendwie schade eigentlich.

äh

einfach

von S. 46

etwas

Denn

eigentlich

ähm

also

einfach

ach ja

Äääähhh

Mhm

Äh, tja … war vielleicht doch gerade etwas zu gruselig … öhm …

doch

vielleicht

ja, äh

hm, ja

Irgendwie

Nur so

Ja ja.

noch

Und hier noch Phänomene, die nirgends reinpassen

Dieses heitere Plätzchen ist schon eher Ralphs und Sharys Kragenweite!

Eigentlich soll man ja gehen, wenn's am schönsten ist. Das heißt, wir hätten nach dem letzten Kapitel einfach Schluss machen sollen. Denn schöner als Sprachphänomene kann in so einem Buch wohl kaum etwas sein … Aber mal ganz ehrlich – würdest du uns noch ernst nehmen, wenn wir auf einmal etwas so machten, wie man es „machen soll"? Nein, bestimmt nicht. Und zwar ganz zu Recht. Wir sind schließlich keine Otto Normalverbraucher. Und erst recht keine Lieschen Müller. Manchmal ist es einfach zu schön, etwas ganz und gar Unnormales zu tun! Zum Beispiel einfach noch ein Kapitel dranzuhängen, obwohl das Buch eigentlich schon zu Ende ist. Vielleicht fragst du dich jetzt, was wir dir hier noch erzählen wollen, wo doch eigentlich schon alles gesagt ist. Aber: Für Klugscheißer gibt es immer etwas zu sagen und die Phänomene gehen ihnen niemals aus. Deshalb noch eine kleine Auswahl an Phänomenen, die sonst nirgendwo reinpassen.

EINE 0 NULL KOMMT SELTEN ALLEIN

Für besonders unpassend halten manche Menschen die Dinge, die mit dem Gang zur Toilette zu tun haben. Wir finden das alles besonders schön und … na ja, vielleicht ist „schön“ nicht das passende Wort … sagen wir mal, besonders spannend. Auf dem Lokus sind die herrlichsten Phänomene zu beobachten. Für alle Sinne ist etwas dabei. Die Reihe der wunderbaren Klophänomene beginnt meist bereits vor dem stillen Örtchen. Beziehungsweise an der Klotür. Am Eingang von Bedürfnisanstalten (also öffentlichen Aborten) steht nämlich geschrieben, dass es sich um solche handelt. Zum Beispiel mit dem folgenden Zeichen: **„00“**. Hast du dich schon mal gefragt, wieso an Türen von Toiletten so eine Doppelnull steht?

von S. 80 ▶ Noch mal Glück gehabt! Lumpi konnte entkommen …

Also, das ist so: Dass sich die alten Römer auf der Toilette zu Geschäftsverhandlungen trafen, ist dir sicher längst bekannt. Aber wusstest du auch, dass noch bis ins 20. Jahrhundert auf Toiletten Konferenzen abgehalten wurden? Zu diesem Zweck befanden sich auf den meisten Toiletten Telefonapparate, damit die besonders wichtigen Herrschaften während der Sitzung ihren Geschäften nachgehen konnten. Man wählte einfach **„00“** und dann die Nummer der Toilette, mit der man verbunden werden wollte.

Etwas verwirrend ist es allerdings auch hier ....

001 = USA-VORWAHL

0039 Vorwahl Italien

Na schön, das war ein Scherz. Aber die Doppelnull ist beim Telefonieren tatsächlich nützlich. Mit ihrer Hilfe kann man zum Beispiel die Tante in Amerika anrufen oder den Freund in der Schweiz. (Egal, ob die gerade auf dem Klo sitzen oder nicht.) Jeder Telefonanruf geht über eine Vermittlungszentrale, in der ein Computer die Anrufe weiterleitet. Zwei Nullen signalisieren dem Rechner, dass der Anruf ins Ausland gehen soll. Die Länderkennzeichen bei den Telefonnummern beginnen nämlich immer mit „00".

Ob Lumpi wohl schuld daran ist, dass es hier so streng riecht?

Shary + Ralph

Lumpi liebt Fifi

Oh, oh!

Super Lumpi

BESORGT ENDLICH MEHR KLOPAPIER!

… und da sind ja auch Shary und Ralph wieder. Puh!

00 = WC = KLO

Wau für Lumpi

Du Klugscheiß Ah!

Scheiße sagt man nicht!*

So ein Scheiß!

Lumpi

Deutschland hat zum Beispiel die Kennung „0049". Und wenn man eine
Null vorwegwählt, weiß der Computer, dass man nicht in einem anderen
Land, sondern nur in einem anderen Ort anrufen möchte. Innerhalb eines
Landes, zum Beispiel in Deutschland, Österreich oder sonst wo, fängt
nämlich jede Vorwahl mit einer einfachen Null an. Die Vorwahl für Köln
zum Beispiel ist 0221. Und die für das schöne Örtchen Hellschen-
Heringsand-Unterschaar in Schleswig-Holstein lautet 04833.

Vorwahl von Köln: 0221

0049 VORWAHL LAND DEUTSCH-

* die macht man! :-)

Ralph ist cool!

Nun aber zurück zur wahren Herkunft der Doppelnull an
der Toilettentür: Früher befanden sich in Hotels (auch
heute ist das in manchen Absteigen noch üblich) die
Klos nicht in den Zimmern, sondern es gab Gemein-
schaftsklosetts für jede Etage, die jeweils am Anfang
eines Flurs lagen. Die Nummerierung der Hotelzimmer
begann mit „1", aber das WC war ja kein richtiges
Zimmer, daher nannte man es „00". Und diese Doppelnull
hat sich als Kennzeichnung für die Toilette bis heute
gehalten. Und WC ist die Abkürzung für Wasserklosett
beziehungsweise englisch „water closet". Man sieht: Rund
ums Klo lassen sich die schönsten Entdeckungen machen

AUF DEM ONNERBALKEN, SASSEN ZWEI GESTALTEN, UND SIE SCHRIEN NACH KLOPAPIER!

Ralph war hier

0041 VORWAHL SCHWEIZ

Und weiter geht's im fröhlichen Reigen der unpassenden Phänomene. Sehr viel unpassender als alles, was mit der Toilette zu tun hat, wäre es, wenn man bei wildfremden Menschen klingeln und sagen würde, man sei ab sofort ihr Gast, sie wüssten doch sicher Bescheid und sollten schon mal das Bett aufschütteln. Gut möglich, dass so etwas früher – bis Anfang oder Mitte des 18. Jahrhunderts, um genau zu sein – häufiger mal vorkam. Damals wurden nämlich viele Soldaten in fremden Städten stationiert. Sie wohnten dort nicht etwa in Hotels, sondern wurden bei Privatleuten einquartiert. Da die Gässchen der Städte sehr verwinkelt waren, verliefen sich die Soldaten auf der Suche nach ihrer Herberge häufig. (Nehmen wir zumindest an.) Und sie konnten noch nicht einmal nach dem Weg fragen, denn sie hätten niemandem die Adresse nennen können. Es gab nämlich noch keine Hausnummern!

Erst Anfang des 18. Jahrhunderts hatte jemand die clevere Idee, die Häuser mit **Nummern** zu versehen, damit die Soldaten ihre Unterkunft leichter finden konnten. Diese Nummern wurden an die Häuser genagelt. So richtig systematisch ging man dabei nicht vor, die Nummerierung verlief wild durcheinander. Wirklich besser wurde die Lage erst, als jemand auf die glorreiche Idee kam, die Häuser entlang einer Straße der Reihe nach zu nummerieren. Entweder auf einer Seite hinauf und auf der anderen wieder hinunter, äh, Quatsch, auf der anderen einfach weiter, sodass sich das Haus mit der niedrigsten und das mit der höchsten Hausnummer direkt gegenüberlagen. Das nennt man „**Hufeisennummerierung**".

Wie dem auch sei – zu dritt geht's weiter durch den Schilderwald …

Oder man gab den Häusern auf der rechten Straßenseite die geraden, denen auf der linken Seite die ungeraden Nummern. **Immer im Wechsel**.

In den meisten deutschen Städten sind die Häuser heutzutage nach diesem Prinzip nummeriert. Mancherorts, zum Beispiel in Berlin und Hamburg, gibt es beide Arten der Nummerierung. Bei der Hufeisennummerierung beginnt man übrigens immer beim ersten Haus auf der rechten Seite und endet beim letzten auf der linken. Der Hausnummernverlauf geht also sozusagen gegen den Uhrzeigersinn*.

* Was es mit dem Uhrzeigersinn auf sich hat, verraten wir dir auf Seite 104.

APRIL, APRIL!

Apropos Uhrzeigersinn: Mit Uhren kann man ganz wunderbare Sachen anstellen. Zum Beispiel jemandem einen Streich spielen. Indem man den Wecker auf eine andere Uhrzeit stellt. Oder in der Schule die Zeiger ein paar Minuten vorrückt, damit die Stunde nicht so lang dauert. Wenn man sich den richtigen Tag dafür aussucht, bekommt man vielleicht noch nicht einmal Ärger. Denn einmal im Jahr sind Streiche nicht nur nicht unpassend, sondern sogar ein bisschen erwünscht. Klar – am **1. April**. Da darf man den Leuten erfundene Geschichten auftischen.

Ja, so macht das Spaß! ▶ S. 104

Wahrscheinlich ist das ein ganz alter Brauch, der schon im Mittelalter praktiziert wurde. Woher genau er stammt, weiß man nicht, aber es gibt alle möglichen Erklärungsversuche. Besonders schön finden wir diesen hier: Lange Zeit wurde in Frankreich der Beginn eines neuen Jahres nicht am 1. Januar gefeiert, sondern zu Ostern. Ostern ist nun aber bekanntlich nicht jedes Jahr zum selben Datum. Damit es nicht gar zu kompliziert war mit dem neuen Jahr, wurde dafür einfach der 1. April als Beginn festgelegt – April und Ostern, das passt schon irgendwie zusammen, dachte man sich wohl. So weit, so gut. Nun trug es sich allerdings zu, dass im Jahr 1563 der damalige französische König Karl IX. den Neujahrstag vom 1. April auf den 1. Januar verschob. Da es noch kein Radio, Fernsehen oder Internet, ja, noch nicht einmal Zeitungen gab, bekamen das nicht alle sofort mit. Und die, die es nicht wussten, wurden schon mal von den anderen veräppelt, indem sie ihnen weiterhin am 1. April ein schönes neues Jahr wünschten.

HIMMEL, GELOCHT.

Nicht besonders komisch wäre es allerdings, wenn man am 1. April in einem Flugzeug säße, dieses urplötzlich in die Tiefe rauschte und der Pilot über die Lautsprecher riefe: **„Das war kein Luftloch – wir stürzen aaaaab!“ … Stille … „April, April!“** Humor ist, wenn man trotzdem lacht. In einem Punkt hätte der Pilot allerdings die Wahrheit gesagt: Es war sicherlich kein Luftloch, in das die Maschine gefallen ist. In der Luft gibt es nämlich gar keine Löcher. Aber was ist dann dieses Phänomen, das man „Luftloch“ nennt?

von S. 81

Luft ist immer in Bewegung: Die Sonne erwärmt die Luft – und zwar über dem Festland schneller als über dem Wasser. Die warme Landluft steigt auf und macht Platz für die kalte Seeluft, die nun in Richtung Land weht. Dadurch wird wiederum über dem Wasser Platz frei und die Luft, die sich oben abgekühlt hat, strömt wieder nach unten. Luft befindet sich also in einem permanenten Kreislauf. Sie strömt aber nicht immer gleichmäßig dahin – manchmal rauscht die Luft von oben so rasant nach unten, dass sie ein Flugzeug, das ihr im Weg ist, einfach ein Stück nach unten drückt. Das fühlt sich für die Passagiere an, als würde das Flugzeug in ein Loch fallen. Gefährlich ist das in aller Regel nicht. Wenn man allerdings gerade einen Schluck aus dem Wasserglas nehmen möchte, kann so ein **Luftloch** schon mal reichlich ungelegen kommen.

Ausradi

Wäre es nicht schön, wenn man alles Unpassende einfach entfernen könnte? Hach... Bevor hier noch jemand ins Träumen gerät: Nein! Wäre es natürlich nicht, dann wäre dieses Kapitel hier schließlich vollkommen überflüssig beziehungsweise schlicht und ergreifend gar nicht vorhanden. Aber manchmal wünscht man sich schon, dass man sich nie wieder ärgern müsste, sich nie mehr fürchten bräuchte und obendrein nur noch gute Noten schreiben würde, weil man ja auf jede Frage die passende Antwort parat hätte. Ja... was wäre das Leben doch... Nun ja, so ist es nun mal nicht. Manchen Unsinn kann man dennoch wieder entfernen, und zwar mit einem Radiergummi.

KlugscheißAh!-Info

Eine der ersten Radiermethoden hatte übrigens auch was mit Krümeln zu tun, nämlich mit Brotkrümeln. Angeblich rollte ein italienischer Zeichner vor vielen Hundert Jahren Brotreste zu Klümpchen zusammen und entfernte damit unpassende Striche aus seinen Kunstwerken.

… (huch, fast auf den Radiergummikrümeln ausgerutscht) …

S. 106

Der besteht aus mehreren Inhaltsstoffen, unter anderem aus Faktis (das ist ein gummiartiges Material, das aus verschiedenen Ölen hergestellt wird). Faktis sorgt dafür, dass der Radiergummi ein kleines bisschen klebrig ist. Reibt man damit über einen Bleistiftstrich, bleiben die Bleistiftstrichteilchen (beziehungsweise Grafitteilchen, denn daraus besteht ein Bleistift) an den Faktisteilchen kleben und lösen sich vom Papier. Pures Faktis ist ziemlich krümelig, daher mischt man es zum Beispiel mit Kautschuk (das ist ein gummiartiges Material, das aus einigen tropischen Pflanzen gewonnen werden kann) und ein bisschen Farbe und schon hat man einen wunderschönen Radiergummi.

Wie bitte? So spät schon?!

von S. 99

Wahnsinn, wie schnell die Zeit vergeht!

Da sind wir doch tatsächlich schon wieder (fast) am Ende des Buchs angelangt. Immer ein trauriger Moment für uns … Es wäre natürlich ganz und gar unpassend, jetzt in Tränen auszubrechen – aber trotzdem: Was wäre es schön, wenn man die Zeit einfach zurückdrehen und noch mal ganz von vorn … Doch selbst wenn wir die Uhr beim Zeiger packen und diesen einfach gewaltsam linksherum drehen, schreitet die Zeit weiter voran. Dagegen kann man überhaupt nichts tun. Nicht einmal, wenn wir alle Uhren der Welt zurückdrehen würden, könnten wir verhindern, dass die Zeit vergeht. Aber wir können unsere gemeinsame Zeit in diesem Buch noch ein klitzekleines bisschen verlängern, indem wir ein allerletztes Geheimnis lüften: **Weshalb drehen sich denn eigentlich sämtliche Uhrzeiger rechtsherum?**

S. 108

Das liegt daran, dass die ersten Uhren **Sonnenuhren** waren: Um das Jahr 3000 vor Christus steckte irgendwo auf der Nordhalbkugel jemand einen Stock in die Erde und im Lauf des Tages wanderte der Schatten, den der Stock warf, ungefähr zur Hälfte (denn nachts scheint die Sonne ja nicht) um den Stock herum. Die Sonne geht im Osten auf, strahlt den Stock also erst einmal von rechts an und der Schatten ist links. Im Lauf des Tages wandert die Sonne nach Westen, bescheint den Stock abends also von links und der Schatten liegt rechts. (In Wahrheit wandert natürlich nicht die Sonne, sondern die Erde, aber das ist ein anderes Thema.)

Höchste Zeit für Lumpi, auf schnellstem Weg …

Als dann im Mittelalter die ersten mechanischen Uhren gebaut wurden, orientierten sich die Uhrmacher an den **Sonnenuhren** und ließen den Zeiger ebenfalls rechtsherum laufen. Und so ist das auch heute noch.

von S. 103 ▶ … zurück nach Hause!

ALLER GUTEN DINGE SIND DREI

Zu guter Letzt noch eine Feststellung, die in diesem Kapitel eigentlich überhaupt nichts verloren hat, da sie vollkommen zutreffend und passend ist: Aller guten Dinge sind drei. Das bedarf keines weiteren Kommentars, oder? Man muss sich doch einfach nur mal Shary, Ralph und Lumpi anschauen, um zu sehen, dass diese Weisheit stimmt. Beschließen wir also dieses Buch mit der phänomenalen Feststellung, dass diese drei richtig gute Dinge und obendrein auch noch richtig guter Dinge sind, verneigen uns vor dir, lieber Leser, und verkrümeln uns. Auf ein baldiges, phänomenales Wiedersehen!

von S. 105 ▶ … nach Hause zu flitzen!

… heim in seine Burg!
von S. 87
war phänomenal!

Ah!

von S. 105

REGISTAh!

Ein kleiner Abstecher ist aber noch drin.

Ah!

BILDNAhCHWEIS

Oder vielleicht auch ein größerer?

akg-images: S. 26/27, S. 78/79

bpk: S. 60 M; bpk/Bayerische Staatsbibliothek: S. 72/73

Christine Keil/fotos-for-berlin.de und Bernhardt Link/farbtonwerk.de: S. 28/29 M

fotolia: Capeman29: S. 32/33 HG; *hans12:* S. 32/33; *checker:* S. 94/95 HG; *Fotolyse:* S. 100/101

fotolibra: 2012 *Paulo Delavigne/fotolibra*: S. 17 o

Ines Wagner-Schulz: S. 34/35 M, S. 36 M, S. 40/41 3x HG, S. 76/77 HG, S. 80/81

iStockphoto.com: S. 12, S. 16/17 HG, S. 18/19 HG, S. 20/21 2x HG, S. 22/23, S. 31 HG, S. 37 HG, S. 39, S. 40/41 2x HG, S. 44/45 HG, S. 47 M, S. 50/51 HG, S. 54/55 HG, S. 55 M, S. 56 M, HG, S. 56/57 HG, S. 62/63 2x HG, S. 66/67 u, S. 68 l, S. 69 u, S. 70/71 HG, S. 82 or, S. 84/85 M, S. 100 HG, S. 102/103 2x HG

Oceanwideimages: Gary Bell: S. 16 u

Ach, was soll's, weil's so schön war …

S. 26

Okapia: Eric Woods/FLPA/OKAPIA: S. 16 o

shutterstock: S. 10/11, S. 13 r, S. 14/15 2x, S. 16 HG, S. 18 l, S. 32 u, S. 37 HG, S. 40/41 HG, S. 42 u, S. 48 HG, S. 52/53, S. 62/63 2x HG, S. 82/83 HG, S. 102/103 o, S. 104/105

Zoonar: Barbara Boensch: S. 42/43; *Brigitte:* S. 20, *Christine Steimer;* S. 74/75; *MichaStrobel:* S. 96/97; *PeJo29:* S. 98/99

Fotos von Shary, Ralph, Lumpi und Dr. Mo

© WDR Köln · Agentur: WDR mediagroup GmbH:
Bettina Fürst-Fastré: S. 38
Eva von Platen: S. 19 u, S. 24/25, S. 71, S. 93, S. 104 lo
Laura Lehmus: S. 26, S. 50/51 u, S. 83 u, S. 86, S. 87
Nola Bunke: S. 5, S. 6 u, S. 8, S. 18 u, S. 31 ru, S. 37 r, S. 42 u, S. 62/63 HG, S. 65 u, S. 69 r, S. 73 ro, S. 77 2x, S. 79 lo, S. 81 M, S. 107, KlugscheißAh!-Infos
Thorsten Schneider: S. 6, S. 30/31, S. 44, S. 58/59 2x, S. 63 M, S. 64, S. 72, S. 73 l, S. 74/75 3x, S. 81 o, S. 90/91, S. 112
Tom Wegner: S. 10 l, S. 76 r
Vera Lalyko: S. 100 u

oben = o, unten = u, links = l, rechts = r, Mitte = M, Hintergrund und Schmuckelemente = HG